# O MISTÉRIO DO TEMPO

Dados Internacionais de Catalogação na Publicação (CIP)
(Câmara Brasileira do Livro, SP, Brasil)

Altemeyer Junior, Fernando
 O mistério do tempo : a fé como memória, vivência e horizonte / Fernando Altemeyer Junior. – 1. ed. – Petrópolis, RJ : Vozes, 2021.

ISBN 978-65-5713-131-2

1. Cristianismo 2. Fé 3. Moral cristã 4. Reflexões – Ensinamento bíblico 5. Tempo – Aspectos religiosos I. Título.

21-62576　　　　　　　　　　　　　　　　　　　　　CDD-248.4

Índices para catálogo sistemático:
1. Tempo : Conduta de vida : Prática religiosa : Cristianismo 248.4

Aline Graziele Benitez – Bibliotecária – CRB-1/3129

# O MISTÉRIO DO TEMPO

A FÉ COMO MEMÓRIA, VIVÊNCIA E HORIZONTE

FERNANDO ALTEMEYER JUNIOR

EDITORA VOZES

Petrópolis

© 2021, Editora Vozes Ltda.
Rua Frei Luís, 100
25689-900  Petrópolis, RJ
www.vozes.com.br
Brasil

Todos os direitos reservados. Nenhuma parte desta obra poderá ser reproduzida ou transmitida por qualquer forma e/ou quaisquer meios (eletrônico ou mecânico, incluindo fotocópia e gravação) ou arquivada em qualquer sistema ou banco de dados sem permissão escrita da editora.

**CONSELHO EDITORIAL**

**Diretor**
Gilberto Gonçalves Garcia

**Editores**
Aline dos Santos Carneiro
Edrian Josué Pasini
Marilac Loraine Oleniki
Welder Lancieri Marchini

**Conselheiros**
Francisco Morás
Ludovico Garmus
Teobaldo Heidemann
Volney J. Berkenbrock

**Secretário executivo**
João Batista Kreuch

*Editoração*: Elaine Mayworm
*Diagramação:* Raquel Nascimento
*Revisão gráfica*: Alessandra Karl
*Capa*: Érico Lebedenco
*Ilustração de capa*: Déz Magnér/FreeImages

ISBN 978-65-5713-131-2

Editado conforme o novo acordo ortográfico.

Este livro foi composto e impresso pela Editora Vozes Ltda.

# Sumário

*Prefácio*, 7

**Parte I – Passado: A memória perigosa do Evangelho, 11**

1  O que celebramos na Páscoa cristã?, 13

2  A luta contra a amnésia, 17

3  Os doze apóstolos da Igreja, 24

4  O pacto das catacumbas e a Igreja dos pobres, 32

5  Mil razões para viver o Concílio Vaticano II, 39

6  Um coração, dois pulmões e dois rins, 44

7  Santo Antônio, o amado santo desconhecido!, 52

**Parte II – Presente: A arte de viver o presente, 61**

1  *Aggiornamento*, 63

2  A crise da fé e os sinais dos tempos, 68

3  Deus e a questão dos pobres, 75

4  O mistério da encarnação de Deus, 81

5  Os quatro "emes": memória, martírio, misericórdia e mistério, 86

6  Cheiro de ovelhas, 94

7  Religiosas lapidadas no amor, 100

**Parte III – Futuro: Sonhos rebeldes do amanhã, 107**

1 Agora e na hora da nossa morte, 109

2 A beleza da eternidade, 114

3 Desafios missionários, 121

4 Vai, vai missionário, 126

5 Vagalumes na escuridão, 134

6 A quinta dimensão da fé, 142

7 Charles de Foucauld: homem-ponte em tempo de fronteiras e muros, 151

# Prefácio

Tic-tac. Tic-tac. Tac-Tic. Ploim. Rrrrrrrrrrrrr. De repente, o pequeno pássaro de madeira, movido por molas e engrenagens, saltava da portinhola e gritava pausada e claramente: Cuco, cuco, cuco. Até doze vezes ao meio-dia e à meia-noite. Esse relógio de minha avó paterna (Oma) Bernardina Altmeyer Murawski ainda ressoa em meu coração. Esse era o meu tempo infantil. Somado ao filme Túnel do Tempo (The time Tunnel), em televisão em preto e branco nos anos 1966 e 1967, via extasiado os cientistas Tony Newman (James Darren) e Doug Phillips (Robert Colbert) participar de aventuras do projeto Tic-Toc, viajando no tempo passado ou devaneios futuristas. Eu achava isso razoável e, desejável. Estudar, compreender e penetrar o mistério do tempo, ao decifrar os enigmas, me parece a aventura maior da vida.

Resolvi escrever a coletânea de 21 capítulos assumindo o tempo como esse portal de esperanças e curiosidades para mim mesmo, para meus amigos e para o momento em que vivo. Afinal, que é o tempo se não a nossa vida fluindo à maneira de um rio (Heráclito sempre o soube!).

Entrego aos leitores sete capítulos sobre o passado que interpreto como uma memória perigosa do Evangelho. Outros sete capítulos sobre presente como arte de viver e, enfim os derradeiros sete capítulos sobre o futuro como alguns sonhos rebeldes do amanhã. Escrevi sabendo que há tempos conhecidos e que há tempos indevidos.

Aprendi com a vida que tudo tem seu tempo, ainda que haja surpresas. Sei bem que a origem e o tempo são indissociáveis e toda reflexão sobre o agora só é possível se conectarmos o cordão umbilical de nossa vida aos nossos antepassados. Sei também que o tempo foge e leva tudo embora, especialmente amigos e gente tão necessária. Muitas perdas ficam marcadas no coração como alegrias ou feridas incuráveis.

Aprendi a contragosto que o tempo tem suas traquinagens por dentro e por fora de nossa alma. Às vezes sentimo-nos muito jovens e leves, e tantas vezes somos o próprio Melquisedec carregando peso etário que nem temos nem imaginamos. Envelhecemos rápido com traumas. Rejuvenescemos com partos inéditos ou desejados.

Sei também que o tempo deixa marcas indeléveis que servem para significar o futuro que ainda nem chegou. Como se já soubéssemos o que viveremos enquanto ainda não brotou tal momento. Antecipamos futuros, rostos, encontros e festas.

Por minha fé cristã aprendi nas raízes judaicas a valorizar o tempo como celebração litúrgica. Há tempo para tudo na vida, especialmente para celebrar estações, colheitas e as fases da lua. A natureza está tão imbricada nas festas religiosas que formam uma unidade inquebrantável. Tudo está interligado.

De pequenino achava divertido uma ampulheta que marcava o tempo de cozimento de um ovo. Hoje compreendo que ela é metáfora da dialética da vida. Não só passa a areia pelo gargalo pequenino do lado cheio ao vazio, mas podemos sempre inverter uma e outra vez. Não há fatalismo permanente. Sempre podemos rebelar. E ao fim e ao cabo, ainda podemos quebrar o invólucro e a areia se espraiar-se todinha. O continente não pode conter o conteúdo. Somos feitos para viver outros tempos. Creio no tempo criado, mas vivo o tempo recriador. Creio no tempo como quarta dimensão de mim mesmo e do mundo, mas creio ainda mais que há tempos especiais e supratemporais onde vivemos e viveremos. Fomos feitos de matéria frágil e mortal, mas temos um DNA imortal que nos conduz pelas portas da eternidade para viver um novo tempo e uma vida transfigurada. Há tempos e Tempo.

Se alguém me solicitasse algo para colocar em uma cápsula do tempo para ser aberta em 100 ou mil anos depois de minha existência, colocaria nomes de quem amo e aprendi a amar da minha família e de meus amigos. Ah! Certamente o rosário de pétalas de rosas de minha avó Dolores e a foto de meu pai e meu filho juntos comigo. E no anverso dessa a foto das mulheres que são a graça divina em meu viver: Carmen, Mercedes, Maria e Ana Clara. Certamente insiro as fotos do mar que tanto estimo, alguma bela estrela do mar e uma concha marinha que sussurre nos ouvidos algum som uterino. Colocaria também algum relógio de corda ou mesmo um cuco, o digital de hoje e aquele cavalo de borracha que ganhei criança. Gostaria de colocar nesse bulbo do tempo as saudades que ardem em meu peito da gente que transfigurou e partiu do meu tempo terráqueo. Quem sabe gravaria em pen-drive a música Cuitelinho, canção do cancioneiro popular recolhida por Antônio Carlos Xandó e Paulo Vanzolini, pois tal melodia faz emergir o que anda escondido em meu coração. Minha cápsula do tempo seria receptáculo das reminiscências, e, sobretudo das pessoas e amores que marcaram a minha linha do tempo.

Gostaria que tomassem a minha singela crono-esfera para fazer a própria viagem no tempo. Inspirados em Lewis Carrol quiçá possamos ir ao outro lado do espelho. Boa leitura e boa viagem no tempo, nesse que é o seu e o nosso tempo. Que possa fazer do tempo cronológico um tempo de eternidade, com a lentidão de quem espera, a rapidez de quem tem medo, as amplificações dos que temem e a imediatez de quem festeja. Como disse o poeta inglês Shakespeare: "Para os que amam, o tempo é eterno".

# Parte I
## Passado

---

# A memória perigosa do Evangelho

# 1

# O que celebramos na Páscoa cristã?

O Tempo da Quaresma prepara e prece a Páscoa. São os quarenta e seis dias que antecipam a festa maior dos cristãos, a Páscoa de Jesus Cristo. Até o século VII, a Quaresma começava no Domingo da Quadragésima (o 40º dia, que na realidade era o 42º dia antes da Páscoa). Tendo em conta os domingos durante os quais o jejum era interrompido, o número de dias até a Páscoa efetivamente era inferior a quarenta, e para continuar fiel ao simbolismo do número 40 (quarenta anos no deserto, quarenta dias de jejum de Cristo) antecipou-se o começo da Quaresma para a Quarta-feira precedente ao Domingo da Quadragésima: Dia das Cinzas.

Na Igreja primitiva, esse era o tempo da última etapa de preparação do batismo para os adultos chamados de catecúmenos, e que o receberiam na noite da Páscoa. Nos quarenta dias a Igreja incentiva a prática do jejum, da solidariedade com os pobres (esmola) e a prática intensa da oração. É semelhante a um tempo especial de retiro espiritual. É o período de voltar para Deus, de reaquecer a fé e de mudança de vida e superação de atitudes doentes e mesquinhas. Muitos ainda hoje se abstêm das carnes vermelhas, mas se esquecem dos pobres, agindo de forma hipócrita. Lembrava São Leão Magno: "É inútil tirar ao corpo a comida, se não tira d'alma o pecado". A intuição central da Quaresma é a mudança de atitudes e práticas favorecendo a solidariedade e a fraternidade.

**Semana Santa**

A semana que precede a Páscoa cristã é a Semana Santa, por apresentar a preparação mais próxima do evento maior do cristianismo durante o ano religioso. Começa com o Domingo de Ramos, quando se benzem ramos de oliveira ou de palmeiras e se lê o texto evangélico da entrada solene de Jesus em Jerusalém. O ramo bento colocado em uma cruz em cada lar ou sobre algum túmulo no cemitério quer simbolizar a força da vida e a esperança da ressurreição. A Igreja convida os fiéis a contemplarem os padecimentos do Cristo no caminho para o calvário.

Na Quinta-feira Santa celebra-se a Ceia do Senhor, ou seja, a instituição da missa com a tradicional cerimônia do Lava-pés. Ao fim da missa, tem início a cerimônia da adoração do Santíssimo Sacramento, com o tradicional canto em latim *Tantum Ergo*, ou *Pange Lingua*.

Na Sexta-feira Santa (ou, de acordo com a tradição popular, Sexta-feira Maior), não se celebra missa ou qualquer sacramento. É dia de silêncio, recolhimento e de comungar as hóstias consagradas na véspera. Após a leitura do relato da Paixão, realizam-se as procissões da Via-sacra ou Caminho da Cruz, com suas quinze estações. Faz-se também as grandes preces da Igreja pelo mundo e a adoração da cruz, que nasceu em Jerusalém e foi absorvida em Roma no século VII. Ao final da cerimônia, oferece-se a comunhão eucarística.

A última noite da semana é a chamada Vigília Pascal, ou Sábado de Aleluia, normalmente celebrada na noite ou madrugada do Domingo de Páscoa. Essa festa é móvel, sendo celebrada no primeiro domingo depois da lua cheia do outono. Ao meio-dia desse sábado, costuma-se "malhar o Judas", ou seja, bater e queimar um boneco de pano. Tal atitude representa o repúdio dos cristãos à traição de Judas Iscariotes, que vendeu seu mestre aos algozes.

Páscoa, do latim *Paschalis*, deriva-se da palavra hebraica *Pessah*, que quer dizer passagem.

Com este nome, designa-se a festa judaica da saída do povo do Egito conduzido por Moisés, celebrada anualmente na primeira lua cheia depois do outono, no Hemisfério Sul, com a ceia pascal e o cordeiro imolado, ervas e pão ázimo.

Para os cristãos, simboliza a festa central da Ressurreição de Jesus de Nazaré, no ano 30 da Era Cristã, que é celebrada durante o tríduo pascal, da ceia da quinta à madrugada do domingo pascal, após a lua cheia seguinte ao início do outono no Hemisfério Sul (primavera no norte). Na ocasião, ocorre a Vigília Pascal, com as leituras bíblicas, a celebração do fogo novo, o acender das velas e do Círio Pascal, a bênção da água e o batismo de adultos e a solene consagração eucarística do pão que é Jesus, vivo e verdadeiro no meio de Deus, entoando o hino latino *Exultet*. Toda a missa se revela um presente de Deus, o mistério da fé.

### Os símbolos populares

Tradicionalmente, alguns ovos coloridos são oferecidos como alimento no Dia de Páscoa. Alguns deles são artisticamente trabalhados e pintados. De maneira particular, lembramos a beleza dos ovos de Páscoa dos ucranianos e poloneses. Os ovos são símbolos da vida em germe, que está a ponto de eclodir. Antigamente, eram consumidos aqueles que foram postos durante a Semana Santa, especialmente na Sexta-feira Santa por serem considerados detentores de virtudes especiais na prevenção de febres malignas ou de pestes mortíferas. A tradição medieval na Quaresma proibia o povo de comer "carne vermelha, doces e ovos". Portanto, os ovos de Páscoa representam um símbolo festivo do final da quarentena em que ficamos de regime. Remetem simbolicamente ao ovo primitivo, do qual nasceu e surgiu o universo vivo. É sinônimo do Cristo que ressurge das trevas da morte como o grande vencedor do mal e da finitude mortal dos humanos.

### E o chocolate?

Denominado cientificamente de *Theobroma cacau* (que quer dizer "o néctar dos deuses"), o cacau era considerado um alimento divino dos maias e astecas. Seu sabor e sua força energética sempre foram reconhecidos em toda a Europa. Ao ser mesclado com leite e assumir o formato oval, representou a força rejuvenescedora da vida que está latente no ovo mesclado à energia saborosa do chocolate. O ovo de chocolate é, portanto, o símbolo da vida que se multiplica e alimenta nossa fragilidade. Não substitui a vida real e o encontro com Deus em Jesus. Só deveria ser uma boa lembrança desta vida que nasce e renasce. Que morre e ressuscita. O fundamental não é o chocolate, mas sim estar em Jesus Cristo e viver de tal modo a vida que ela seja sinal do amor e prática da justiça entre os irmãos. Esse é o verdadeiro sentido e o valor central da Quaresma. Aprender a viver em Deus.

# 2
# A luta contra a amnésia

A fé cristã vive de memórias perigosas. Vive da memória próxima e personalizada de quem crê na Santíssima Trindade e na revelação de Jesus. Vive da memória viva da entrega de Jesus na cruz para nos salvar. Vive desse amor que se faz semente que morre para dar vida abundante. Memória celebrada e atualizada a cada Eucaristia. Memória da presença de Deus Libertador na vida humana e na história dos povos. "Fazei isto em memória de mim", disse Jesus na Última Ceia (cf. Lc 22,18b). A fé cristã é sempre um memorial que atualiza no tempo a experiência eterna da misericórdia e da compaixão. Sem memória, perdemos esse tesouro divino, e sem sua atualização congelamos e mumificamos a epifania de Deus. Memória e esperança sempre caminham juntas. Não podemos aceitar a amnésia e lutamos contra ela. Os teólogos da América Latina assumiram a memória como uma categoria essencial para dar sentido e valor à ação da Igreja no contexto conflitivo de nossas sociedades desiguais e injustas. A teologia na América Latina pensa a fé cristã respondendo às perguntas dos aflitos e faz memória das cruzes para viver a ressurreição proposta e realizada por Cristo. A teologia é viva quando se preocupa com os pobres do continente e se assume como teologia da cruz e memória dos crucificados. De acordo com o *Martirológio romano*: "A Igreja peregrina celebrou, desde os primeiros tempos da sua existência, os apóstolos e mártires de Cristo, que, pelo derramamento do seu sangue, a exemplo do Salvador padecente sobre a Cruz, na esperança da ressurreição deram o supremo testemunho da fé e da caridade (Ap 22,14)"[1]. Tal fidelidade litúrgica é mantida pela Igreja há séculos e foi assumida pelas igrejas locais como um testemunho de amor aos pobres na defesa do Evangelho integral. Em carta aos bispos do Brasil, o papa João Paulo II (1920-2005) afirmou: "Os pobres deste país, que têm nos senhores os seus pastores, os pobres deste continente são os primeiros a sentir urgente necessidade deste evangelho da libertação radical e integral. Sonegá-lo seria defraudá-los e desiludi-los"[2].

Nesses cinco séculos de presença cristã na América Latina, recordamos uma lista de patriarcas que não podem ser esquecidos pelas novas gerações e pelas novas igrejas. São nomes marcantes para a Igreja dos pobres, comprometida com a liberdade e o Evangelho encarnado de Nosso Senhor Jesus Cristo. Aqui, vale destacar alguns nomes: Antônio Maria Claret, Bartolomeu de las Casas, Enrique Angelelli, Fernando Gomes, Francisco Solano, Hugo Assmann, José Antônio Pereira Ibiapina, Manuel Larrain, Martinho de Lima, Milton Schwantes, Orestes Stragliotto, Óscar Arnulfo Romero y Gadamez, Pedro Claver, Richard Shaull, Ronaldo Munhoz, Rosa de Lima, Rubens Cândido Padim e Turíbio de Mongrovejo.

Somada a essa listagem de patriarcas da fé, está a relação daqueles que foram mortos pela Igreja e pela justiça social. Todos aqueles que mantiveram firme seu amor preferencial aos pobres e são reconhecidos e relembrados como mártires e sementes de novas Igrejas. São os(as) filhos(as) amados(as) desta Igreja que doa a própria vida em oferenda no altar de Deus. Alguns dos nomes para recordar são: Adelaide Molinari, Antonio Pereira Neto, Cleusa Nascimento, Dorothy Stang, Ezequiel Ramin, Francisco de Pancas, Gabriel Felix Roger Maire, João Bosco Penido Burnier, Josimo Moraes Tavares, Paulo Vinhas de Vitória, Purinha de Linhares, Rodolfo Lunkenbein, Santo Dias da Silva e Verino Sossai.

A lista de mártires ainda deve ser completada por alguns profetas da esperança que enfrentaram as ditaduras militares de nosso continente. Do Brasil, lembramo-nos desta lista de padres banidos do País pelo regime ditatorial que vigorou de 1964 a 1985 e que está sendo passado a limpo pela Comissão da Verdade para que aconteçam a justiça, a memória e a verdade. Lembramos por obrigação com a verdade dos nomes e das vidas dos padres Francisco Jentel, Francisco Lage, Giorgio Callegari, Giuseppe Fontabella, Jan Honoré Talpe, José Comblin, José Pendandola, Joseph Wauthier, Lawrence Rosenbaugh, Romano Zufferey e Vito Miracapillo. Eles sofreram o degredo do país que amavam e serviam porque ficaram ao lado dos trabalhadores, dos empobrecidos e principalmente dos camponeses e indígenas. Há também aqueles que foram torturados pelos agentes do Estado e por grupos paramilitares. Pessoas que pagaram caro no próprio corpo e mente por defender a justiça, o Evangelho da verdade. Eis alguns nomes de religiosos perseguidos com inquéritos militares: Affonso Ritter, Alexandre Vannucchi Leme, Alípio Cristiano de Freitas, Angelo Gianola, Antônio Alberto Soligo, Carlos Gilberto Machado Moraes, Francisco Benedetti Filho, Francisco Lage Pessoa, Geraldo Oliveira Lima, Gerson da Conceição, Giulio Vicini, Hélio Soares do Amaral, José Eduardo Augusti, Leonilde Boscaine, Mariano Callegari, Oscar Albino Fuhr, Paulo Martinechen Neto, Roberto Egídio Pezzi, Yara Spadini, entre outros.

Nos quatro primeiros séculos da Igreja, foram aproximadamente 200 mil cristãos perseguidos, torturados e mortos pelo Império Romano, em 129 anos de perseguição e 120 anos de relativa tranquilidade, dos anos 64 a 313 d.C. Todas as gerações conheceram o sofrimento, com testemunhas e heróis. Todas as Igrejas precisavam estar preparadas para o martírio e para a prisão. Todos guardavam as memórias dessas pessoas e cantavam seus louvores. Ao lado de cada mártir, há pelo menos cem cristãos que tiveram de suportar prisão, tortura, desterro, condenação às minas e confisco de bens.

Nos últimos cinquenta anos, depois do final do Concílio Vaticano II (1962-1965), a Igreja voltou a viver o drama das catacumbas e a honra do martírio em muitos povos e igrejas[3].

No Brasil houve 695 processos contra cristãos, os quais foram guardados no Projeto Brasil Nunca Mais, realizado pela Arquidiocese de São Paulo, sob a direção do cardeal dom Paulo Evaristo Arns, durante os anos de chumbo. Nesse dossiê imenso, constam os nomes de padres, de bispos, de religiosos e de leigos da Igreja Católica que foram perseguidos no Brasil. Três desses processos datam do ano de 1964 e todos os demais são de 1968 e anos posteriores. O mais clamoroso foi o processo de número 100, contra os frades da Ordem Dominicana em São Paulo. Nele, eles foram acusados de manter ligações com Carlos Marighella. Foram presos frei Betto, frei Fernando Brito, frei Tito de Alencar Lima e frei Yves do Amaral Lesbaupin, entre outros frades aprisionados em todo o Brasil, com a tortura de alguns religiosos. Tanta brutalidade ocasionou a morte de frei Tito, em 1974.

A título de exemplo, vale ressaltar: o Processo BNM 595 contra 34 religiosos de várias congregações, padres, ex-padres e professores de teologia ligados à Igreja de Belo Horizonte, só por terem assinado um manifesto contra o assassinato do estudante Edson Luís Lima Souto, em 29 de março de 1968. Em Porto Alegre, abriu-se o Processo BNM 453 contra a apresentação de peça teatral no salão paroquial em Vila Niterói, em Canoas. Nele, oito pessoas foram denunciadas. A situação era tão patética e absurda, que um processo BNM 470 foi aberto contra o seminarista jesuíta espanhol Francisco Carlos Velez Gonzales, residente no Brasil, por ter feito editar e divulgar uma versão da Encíclica *Populorum Progressio*, do papa Paulo VI (1897-1978). O Processo BNM 136 foi aberto contra oito padres e ex-padres da diocese de Itabira, para atingir frontalmente o então bispo dom Marcos Antônio Noronha. O Processo BNM 65 foi elaborado contra madre Maurina Borges da Silveira, em Ribeirão Preto, sua posterior deportação para o México, e a consequente excomunhão dos delegados torturadores da cidade de Ribeirão Preto: Miguel Lamano e Renato Ribeiro Soares. No Processo BNM 467, foram acusados e torturados na sede do Departamento Estadual de Ordem Política e Social de São Paulo (Deops) a professora e educadora Maria Nilde Mascellani, o jornalista Dermi Azevedo, a pedagoga Darcy Andozia Azevedo, sua esposa, e o filho de ambos, Carlos Alexandre Azevedo (então com 1 ano e 8 meses). Nesse mesmo processo, foram presos e torturados os membros da Pastoral Operária de São Paulo, entre os quais Waldemar Rossi. Todos foram presos sob o comando de Sérgio Paranhos Fleury, então delegado torturador. Waldemar Rossi foi julgado e absolvido na Justiça Militar em 1978. Em julho de 1980, Rossi falou ao papa João Paulo II, em nome dos trabalhadores brasileiros no Estádio do Pacaembu, comentando as dores dos operários e da Igreja com eles comprometida[4].

Toda perseguição comandada por generais ditadores e organizada em cada Estado pelo aparelho de tortura foi organizada e financiada por algumas empresas e grupos econômicos, tendo o suporte logístico do governo brasileiro e de agentes do governo norte-americano, que ensinou técnicas de tortura para militares brasileiros e supervisionou a repressão por meio da embaixada e de adidos militares. Tudo inspirado na Ideologia de Segurança Nacional, que endeusava o Estado e o poder militar atacando e destruindo a dignidade da pessoa humana e perseguindo a fé cristã, que permaneceu fiel aos pobres e aos pequenos. Fazer memória em nossas Igrejas é hoje, redescobrir o sentido da entrega de tantas pessoas e valorizá-las como instrumentos de Deus e de seu Evangelho libertador.

Quem poderia se esquecer dos anos de sofrimento pelos quais passou a Igreja Católica no Chile, durante a ditadura de direita do general Augusto Pinochet? Quem poderá olvidar o sofrimento de dom Iossep Slipêi, primaz da Ucrânia, preso pelo regime comunista soviético, submetido a torturas contínuas e trabalhos forçados na Sibéria desde 1940, até sua libertação, em 12 de fevereiro de 1963, aos setenta anos?

Como não celebrar a memória da perseguição da Igreja salvadorenha com dezenas de catequistas assassinados em anos de guerra, e muitas religiosas, sacerdotes e inclusive o mártir e santo Óscar Romero, arcebispo da capital San Salvador? Como deixar no anonimato os nomes dos treze sacerdotes e dois bispos assassinados pela ditadura militar argentina? Como esquecer o testemunho de pastor do bispo Enrique Angel Angelelli, ao tomar posse da diocese de La Rioja, com o seguinte pedido: "Ajudem-me a que não me prenda a interesses mesquinhos ou de grupos; orem para que seja o bispo e o amigo de todos, dos católicos e dos não católicos; dos que creem e dos que não creem"?

O século XX foi repleto de martírios e de perseguições feitas contra os cristãos de muitas igrejas e países, com grandes testemunhos do Evangelho na atualidade, configurando uma nova "nuvem de mártires", como mártires da caridade, na pessoa de tantos que morreram por epidemias e doenças ao trabalhar no meio dos pobres e das calamidades a que estes estão submetidos. Mártires da justiça, basicamente vivendo no Hemisfério Sul do planeta, na América Latina, na África e no continente asiático. Mártires das máfias e do terrorismo; enfim, os inúmeros mártires de extermínios coletivos de tantos totalitarismos e ditaduras no mundo atual[5].

Sabe-se que a Igreja "continua o seu peregrinar entre as perseguições do mundo e as consolações de Deus"[6]. E fazer memória das perseguições não é opcional. Isso se consiste em uma obrigação e uma celebração necessária para manter a fidelidade à mensagem e à prática de Jesus, pois "do mesmo modo que Jesus Cristo consumou a sua obra de redenção na pobreza e na perseguição, assim também a Igreja é chamada a seguir o mesmo caminho para poder comunicar aos homens os frutos da Salvação"[7].

A celebração e a memória dos mártires não é um momento fúnebre e nostálgico. "Não é uma lista de atrocidades repugnantes, analisadas em sua insensatez e ineficácia; não é tampouco um triunfalismo. É muito mais. É a celebração e confirmação da causa pela qual, tantos foram sacrificados; é uma comemoração da vida, da promessa, da plenitude pascal de Jesus e dos seus. É, portanto, a celebração do amor que dá sentido à morte. Se presta respeito e se homenageia aos que levaram a sério a Deus, ao povo, a Igreja e a eles mesmos"[8].

Celebrar os mártires é guardar a memória do sangue derramado pela Igreja e por Jesus Cristo como obrigação da fé viva e verdadeira. Não é opcional. Não é sublimar derrotas nem cair em masoquismo dolorista. O mártir é um profeta que segue a cruz de Cristo com humildade, fazendo a entrega da vida pela vida de outros. É alguém coerente com os valores que prega. A memória de nossa fé passa pela vida daqueles que entregam suas vidas pelos pobres, pela Igreja e por Cristo. A luta contra a amnésia começa com a celebração de suas vidas, de suas lutas, seus sonhos e de suas causas.

## Notas

[1] CONFERÊNCIA EPISCOPAL PORTUGUESA. *Martirológio romano*. Coimbra: Gráfica de Coimbra, 2013, n. 13.

[2] PAULO II, João. *Carta do Papa João Paulo II aos bispos da Conferência Episcopal dos Bispos do Brasil*. Vaticano, abr./1986.

[3] LESBAUPIN, Y. *A bem-aventurança da perseguição*. 2. ed. Petrópolis: Vozes, 1977.

[4] MITRA ARQUIDIOCESANA DE SÃO PAULO. *Perfil dos atingidos* – Projeto Brasil Nunca Mais. Petrópolis: Vozes, 1988.

[5] RICCARDI, A. *O século do martírio*. Lisboa: Quetzal, 2000.

[6] SANTO AGOSTINHO. *A Cidade de Deus*. Petrópolis: Vozes, 2012. [Livro XVIII, cap. 51, vol. 2].

[7] CONCÍLIO VATICANO II. *Constituição Dogmática* Lumen Gentium *(Sobre a Igreja)*. Roma, 1964, n. 8.

[8] MARINS, J.; TREVISAN, T. & CHANONA, C. *Memoria peligrosa*: Héroes y Mártires en la Iglesia Latinoamericana. México: Centro de Reflexión Teologica, 1989, p. 25.

# 3
# Os doze apóstolos da Igreja

Apóstolo é alguém comissionado, enviado para cumprir uma missão que lhe foi entregue em confiança. É mais delegado que um simples mensageiro. É um representante oficial da pessoa que lhe conferiu autoridade para tarefa e compromisso fundamentais. Jesus aplica o termo para doze homens que Ele escolhe como seu grupo apostólico. Serão os amigos por excelência e os mensageiros privilegiados da boa notícia da Ressurreição. Tal grupo remonta ao ministério na Galileia. É um prelúdio da missão universal inaugurada na Páscoa de Jesus. O apostolado não é uma criação paulina, mas uma fórmula pós-pascal para caracterizar uma nota da Igreja e um estilo de ação. Estar na lista dos doze significava ser testemunha direta e ocular dos fatos e acontecimentos da vida de Jesus, tendo experimentado a Sua Ressurreição. Ser apóstolo era unir "a visão do Ressuscitado e o envio em missão" (RIGAUX, B. "Os doze apóstolos". In: *Concilium*, n. 4, abr./1968, p. 7-15). Os apóstolos foram os amigos íntimos de Jesus, seus companheiros de luta e de pregação. Tornaram-se suas testemunhas e os fundamentos da Igreja, pela força do Espírito Santo. Formaram o colégio apostólico dos doze, que pela sucessão dos bispos constitui uma garantia de comunhão com a Igreja primitiva. A sucessão apostólica é uma exigência de unidade de nossas igrejas, pois é uma convocação de fidelidade ao Evangelho e um convite livre para que todos os cristãos voltem a ouvir a mensagem dos apóstolos e de seu Senhor. Ser apóstolo é ser obediente e servo da humanidade. Não pode haver apóstolo presunçoso e autônomo. Ninguém pode se nomear apóstolo, mas deve receber este dom e autoridade da Igreja e esta do Cristo.

São Bernardo de Claraval (1091-1153), ao falar dos apóstolos de Jesus Cristo, os chama de "capitães dos mártires". Diz que nos ensinam que seu amor a Cristo foi crescendo progressivamente, pois aprenderam a viver, da fé que experimentaram. Eles não viveram para si, nem para si morreram, mas para aquele Senhor Deus que por eles e por nós morreu. Dirá São Bernardo que os doze apóstolos eram homens da misericórdia que permaneceram alheios às vaidades do mundo, proporcionando à jovem Igreja nascente quatro coisas: em sua conversão nos deram a continência; em sua pregação nos deram a sabedoria; em sua paixão a paciência; e em sua misericórdia o fruto de suas santas orações (*Obras completas de San Bernardo*. Madrid: BAC, 1953, p. 701, tomo I). Deus nos deu os doze apóstolos e seus sucessores para animar e confirmar a fé dos irmãos. Eram doces, para nos receberem com delicadeza e misericórdia. Eram poderosos para protegerem suas ovelhas valorosamente, e sábios para guiarem a Igreja por um bom caminho. Diz Bernardo: "Que nos ensinaram ou o que nos ensinam os santos apóstolos? Não a arte de pescar, não a de fazer tendas ou algo semelhante a isto; não a ler Platão, nem a manejar as sutilezas de Aristóteles, não a aprender sempre e nunca chegar à ciência da verdade. Ensinaram-nos a viver. Pensas que é pouco o saber viver Coisa grande é, ou melhor, grandíssima" (p. 690).

Possamos conhecer brevemente os mestres da vida porque foram os discípulos amados de Jesus, o filho único de Deus, que os enviou a toda a terra como apóstolos do Reino, da Igreja e da paixão pela arte de bem-viver. A seguir, apresentamos os doze apóstolos de nossa Igreja:

**André** – Filho de Jonas de Betsaida e o irmão caçula de Simão Pedro, com um nome grego que significa "viril e belo". Será depois conhecido como *protocletos*, que quer dizer "o primeiro chamado". Como seu pai, os dois irmãos são pescadores no lago de Genesaré. André é amigo de João, o futuro apóstolo e evangelista, e discípulos de João, o Batista. Enquanto muitos de seus contemporâneos resistem à pregação profética desse precursor de Jesus, André mergulha nela, por sua fé profunda e simples, sempre forte, mas sem qualquer arrogância. Após o encontro com Jesus, convocará seu irmão Pedro para seguirem o Mestre e assim poderemos vê-los juntos nas Bodas de Caná, com Jesus e a Virgem Maria. Depois desse encontro radical e de uma pesca milagrosa, aceitarão um convite irresistível: "Venham comigo e eu os farei pescadores de homens" (cf. Mt 4,19). André se tornará um homem de confiança no colégio apostólico criado por Jesus, onde o seguimento do grupo se soma às vocações individuais inserido na sementinha do novo povo de Deus. Após a ressurreição de Jesus, ele irá pregar o Evangelho entre os nômades da Ásia Menor, depois irá a Épiro e em seguida à Acaia. Uma tradição antiga o vê chegar à Ucrânia. Teria sido crucificado em Patras, na Grécia. Seus amigos e discípulos conduzirão parte de suas relíquias até a Escócia. Sua solenidade litúrgica é no dia 30 de novembro de cada ano.

**Tiago Maior** – Filho de Zedebeu e Salomé, é irmão de João o Evangelista. Seu nome hebraico quer dizer: "aquele a quem Deus protege". Será o primeiro mártir do colégio apostólico, sendo conhecido pelo apelido de Boanerges, "filho do trovão". Ele é pescador no lago de Tiberíades e segue Jesus após a pesca milagrosa. Com Pedro e João, é como que um privilegiado nos encontros com Jesus. Ele está presente na cena da ressurreição da filha de Jairo, na transfiguração e na agonia de Jesus. Possui caráter impetuoso, espontâneo e quase agressivo. Há um episódio expressivo de que ele e seu irmão João e a mãe dos dois pensam em lugares de poder e são repreendidos por Jesus. Isso mostra que, na comunidade de Jesus, é preciso percorrer etapas para chegar à perfeição e que todo carreirismo e luta pelo poder é ambição humana, contrária ao Evangelho da vida. Será assassinado pelo rei Herodes Agripa, que vai decapitá-lo, para frear o elã e a força da jovem Igreja apostólica depois da morte de Jesus. Uma antiga tradição afirma que o corpo de Tiago será transportado para El Padron, na Galícia, e depois para Compostela, na Espanha. Em 1884, o papa Leão XIII (1810-1903) afirma que as relíquias que ali estão são autênticas. Esse santuário será o ponto de chegada de milhares de peregrinos desde o ano de 808 d.C., no conhecido caminho das estrelas ou Via Láctea, ou ainda, o Caminho de Santiago. Ele será apresentado como um apóstolo peregrino, com um bastão em suas mãos. Na liturgia, é lembrado em 25 de julho.

**Tiago Menor** – Filho de Alfeu, é designado como o irmão do Senhor. Ele se parece muito com Jesus, no formato de seu rosto, nas ações de sua vida, e na maneira de ser. Será o líder dos judeu-cristãos na Igreja-Mãe de Jerusalém. Era conhecido como o Justo. Diz a tradição que tanto se ajoelhava para rezar que a pele de seus joelhos havia endurecido, assim como a planta de seus pés. Teria evangelizado os povos ao norte do mar Negro. Foi lapidado com pedras de forma brutal como bispo e apóstolo de Cristo. Sua festa litúrgica é em 3 de maio.

**Simão o Zelota** – Seu nome quer dizer "Deus escutou". Ele é conhecido como o cananeu ou zelota. Natural de Caná, na Galileia. Os zelotas formavam um grupo radical que buscava realizar a transformação social e política do povo inclusive pela força e por atentados guerrilheiros. Era homem zeloso e devotado a Jesus Cristo e Sua missão. Simão prega no Egito, na Mauritânia, na Líbia, na Numídia, na Cirenaica e na Adjazia. Teria estado na Bretanha. Diz-se que foi sepultado na cidade de Nicósia, perto de Zhiguencia. Tê-lo-iam cortado ao meio com uma espada. Sua festa é em 28 de outubro (entre os latinos) e 10 de maio (entre os ortodoxos).

**Simão Pedro** – Filho de Jonas e irmão de André, é originário de Betsaida. É homem casado e vive da pesca à margem do lago de Tiberíades, na Galileia. Larga tudo para seguir Jesus. Recebe dele um novo nome: *Képha*, que quer dizer "pedra, ou rochedo de abrigo". Ele terá a primazia entre os doze para servir na unidade e confirmar a fé do colégio apostólico. Será sempre o primeiro entre os pares. É testemunha privilegiada dos episódios evangélicos, na Paixão de seu amado Mestre e na experiência de Jesus, que lhe aparece vivo e pleno depois da Ressurreição. Será o primeiro bispo de Antioquia e depois irá para Roma, sendo o primeiro papa. Jesus lhe perguntará três vezes se o ama. Pedro dirige a Igreja nascente e será o primeiro bispo de Roma. Será martirizado em Roma durante a perseguição de Nero. Sua memória é sempre a de um pescador disposto a atirar a rede quando Jesus Cristo o ordenar, apesar dos ventos contrários. Sua festa é celebrada com o apóstolo Paulo em 29 de junho, como os dois fundamentos da Igreja de Jesus Cristo.

**João** – Filho do pescador Zebedeu e irmão de Tiago Maior. Vivia com sua família em Betsaida. Ouviu ainda adolescente a mensagem do profeta João Batista. Passa uma noite com Jesus e André. Participa de momentos-chave na vida de Jesus. É o único que fica ao pé da cruz com Maria, a mãe de Jesus, de quem cuidará depois da morte dele. É chamado de discípulo amado nos evangelhos e cartas joaninas. Foi exilado em Patmos, ilha no leste do mar Egeu, e teria morrido em Éfeso, na atual Turquia. Sua festa é celebrada em 27 de dezembro.

**Mateus** – Seu nome quer dizer "dádiva ou presente de Deus". Filho de Alfeu, seu nome é Levi. Judeu e publicano, exerce a função considerada impura e maldita de cobrador de impostos para Herodes, o tetrarca. É chamado na periferia de Cafarnaum. O chamado foi seguido de uma grande festa e ceia ofertada por Mateus para Jesus. Homem forte e considerado autor de um dos evangelhos, escrito inicialmente em aramaico, viveu na Galileia, que conhece muito bem e detalhadamente. Será conhecido como pregador entre os etíopes, os macedônios, os persas e os partos. Teria sido martirizado na Etiópia. Sua festa é datada em 21 de setembro.

**Filipe** – Seu nome vem do grego, *philein*, "amar" e *hippos*, "cavalo". Ele é de Betsaida e fortemente marcado pela pregação de João Batista, o profeta do deserto. É o apóstolo do zelo discreto e da resposta imediata ao imperativo de Jesus: "Siga-me!" (cf. Jo 1,44). Desde esse momento em Betânia ele passa a segui-lo. Ele ainda quer que todos possam ver e estar com Jesus e leva seu amigo Natanael para um encontro pessoal com o Mestre. Não se perde em discursos, mas quer que se possa beber direto da fonte. Estará com Jesus na cena da multiplicação dos pães, preocupado em como alimentar a multidão. Ele é um homem prático e concreto, possivelmente tímido. Enquanto André e João encontram Jesus, será Jesus que encontra Filipe. Ele estará também na ceia derradeira e saberá que quem vê Jesus vê Deus. Será o evangelizador da Frígia, de toda Ásia Menor, tendo sido martirizado em Hierápolis. Sua festa litúrgica é em 3 de maio.

**Tomé** – É um nome siríaco que significa "gêmeo", e seu equivalente grego é Dídimo. Nada sabemos de sua profissão e de sua vida antes de encontrar Jesus e fazer parte do grupo dos doze. É homem de bom-senso e íntegro, e quer ver toda situação com clareza e nitidez. Ama tanto o Mestre, que está disposto a morrer com Ele: "Vamos todos com Jesus para com Ele morrermos" (Jo 11,14-17). As cenas mais lembradas em sua trajetória como apóstolo de Cristo são a dúvida e a exigente petição por provas do Ressuscitado. Jesus deixa-o na experiência da incredulidade por uma semana inteira, provando-o. Acabará gritando o ato de fé pascal, ao professar Jesus Crucificado como o Cristo Ressuscitado e dirá: "Meu Senhor e meu Deus" (Jo 20,28). Tomé é um homem lento para crer, mas, quando o faz, ultrapassa todos os demais de maneira sublime. Será o apóstolo de medas e persas até o sudoeste da Índia, no

*Kerala*. Estará também presente em Edessa, vila da Mesopotâmia setentrional que será porta de expansão do cristianismo por todo o Oriente distante. Há um evangelho apócrifo consagrado a seu nome. É uma presença da tradição apostólica nos confins do mundo conhecido nos primeiros séculos da evangelização. Sua festa litúrgica é celebrada em 3 de julho.

**Bartolomeu** – Originário de Caná, seu verdadeiro nome é Natanael, que quer dizer "dado a Deus". É conhecido nos evangelhos pelo nome de filho de Talmai, ou seja, Bartolomeu. Homem simples e piedoso, é um grande estudioso das escrituras sagradas e espera pelo Messias, que deve nascer em Belém. Este homem de uma fé ardente que quer ser íntimo de Deus reconhece Jesus como o Filho de Deus. E Jesus fará dele elogio único: "Eis um verdadeiro filho de Israel, um homem que não sabe mentir" (Jo 1,47-49). A tradição mais antiga o faz missionário na Armênia, onde teria sido martirizado de forma brutal; na cidade de Albanópolis, teve sua pele arrancada enquanto ainda vivo. Assim disse o papa Bento XVI em 4 de outubro de 2006 ao mencionar o apóstolo Bartolomeu: "A adesão a Jesus pode ser vivida e testemunhada também sem cumprir obras sensacionais. Extraordinário é e permanece o próprio Jesus, ao qual cada um de nós está chamado a consagrar a própria vida e a própria morte". Sua festa litúrgica é em 24 de agosto.

**Judas Tadeu, filho de Tiago** – Seu nome hebraico quer dizer "feliz" e o sobrenome grego significa "corajoso". Há uma carta no Novo Testamento atribuída a ele que sugere um reino sem fronteiras e aberto a toda a criatura. Será muito cultuado como advogado das causas desesperadas. Teria evangelizado a Judeia, a Samaria, parte do Iraque e do Irã. Foi martirizado a pauladas com o apóstolo Simão o Zelota. Sua festa é em 28 de outubro.

**Matias** – Seu nome quer dizer "dado, doado". Acompanhou Jesus desde o batismo de João. Após a traição e morte de Judas Iscariotes, os apóstolos farão uma escolha por sorte entre Matias e

Barsabás, o justo. Matias será o primeiro de uma imensa lista de sucessores dos apóstolos que serão agregados ao Colégio escolhido por Jesus. Sua eleição mostra a vitalidade da Igreja, como Corpo de Cristo que vive na história. Será considerado um pregador da penitência, como nos diz o teólogo Clemente de Alexandria (c. 150-215). Será feito mártir e morto na Judeia ou na Etiópia, segundo tradições antigas nas comunidades orientais. Sua festa é celebrada em 14 de maio.

**Judas Iscariotes** – Originário de Kerioth, ao sul da Judeia, é filho de Simão Iscarioth. É o último nome da lista, pois será o apóstolo traidor de Jesus. Único não galileu do grupo de Jesus, é apresentado como um ladrão da bolsa comum. Não se preocupava com os pobres, mas tinha a mente fixa no dinheiro. Será esse um problema menor, pois sua grande questão é jamais aceitar o sofrimento do Messias. Sua coragem é pequena e sua fé frágil e manipuladora. Ele abusou da misericórdia de Deus. Sua morte é marcada pelo drama de suas entranhas expostas nas pedras.

# 4

# O pacto das catacumbas e a Igreja dos pobres

A Segunda Conferência Geral do Episcopado Latino-Americano realizou-se em Medellín, Colômbia, de 24 de agosto a seis de setembro de 1968, assumindo a opção pelos pobres como um ponto central na evangelização dos povos. A reunião episcopal ocorreu no Seminário Maior da Arquidiocese de Medellín, mudando o rosto da Igreja. A conferência foi convocada pelo Santo Padre Paulo VI (1897-1978), por insistência de dom Manuel Larraín (1900-1966), de Talca, Chile, e de dom Helder Pessoa Camara (1909-1999), arcebispo de Olinda e Recife (PE). O tema central foi: "A Igreja na presente transformação da América Latina à luz do Concílio Vaticano II". Inaugurada na catedral de Bogotá, em dia 24 de agosto, em seguida ao término do 39º Congresso Eucarístico Internacional, o evento coincidiu com a primeira visita de um papa às terras latino-americanas e caribenhas. Participaram da II Conferência Geral do Episcopado 137 bispos e 21 sacerdotes com direito a voto, além de peritos, religiosas, leigos e observadores no total de 249 participantes. Como resultado dessa conferência, foram publicados dezesseis documentos proféticos e inovadores.

Espiritualmente, a Assembleia Continental dos bispos em Medellín bebeu das fontes de água pura redescobertas pelo grupo

"Igreja dos pobres", organizado na primeira sessão do Concílio Vaticano II em 1962, em Roma. Na ocasião, participaram bispos da Europa, da África e da América Latina, inspirados na prática e testemunho de Paul Gauthier (1914-2002), professor no Seminário Maior de Dijon, na França, que havia partido para viver em Nazaré, nas terras palestinas, assumindo uma vida de pobreza como operário, na imitação concreta do Jesus carpinteiro. Ao término do Concílio Vaticano II (1962-1965), o grupo propôs aos bispos um documento conhecido como "Pacto das Catacumbas". Ele foi assinado ao final de uma missa solene na Catacumba de Santa Domitila, em Roma, em 16 de novembro de 1965. A partir do documento, um total de 42 bispos comprometeu-se a levar uma vida de pobreza e de compromisso concreto com as dores e as esperanças dos pobres de mundo inteiro. Até hoje, tal gesto continua sendo uma luz para todas as Igrejas cristãs.

O documento possui treze pontos, em que os signatários rejeitavam todos os símbolos ou privilégios do poder, colocando-se a serviço dos pobres, e também se comprometeram a transformar gestos de beneficência em obras sociais de justiça. Além disso, comprometeram-se com a colegialidade episcopal; o modo evangélico de ser Igreja-Povo de Deus; a abertura ao mundo e a acolhida fraterna aos povos crucificados. Aqui está o documento na íntegra:

**O pacto da Igreja servidora e pobre**

"Nós, bispos, reunidos no Concílio Vaticano II, esclarecidos sobre as deficiências de nossa vida de pobreza segundo o Evangelho; incentivados uns pelos outros, em uma iniciativa em que cada um de nós quereria evitar a singularidade e a presunção; unidos a todos os nossos irmãos do episcopado; contando, sobretudo com a graça e a força de Nosso Senhor Jesus Cristo, com a oração dos fiéis e dos sacerdotes de nossas respectivas dioceses; colocando-nos, pelo pensamento e pela oração, diante da Trindade, diante da Igreja de

Cristo e diante dos sacerdotes e dos fiéis de nossas dioceses, na humildade e na consciência de nossa fraqueza, mas também com toda a determinação e toda a força de que Deus nos quer dar a graça, comprometemo-nos ao que se segue:

1) Procuraremos viver segundo o modo ordinário da nossa população, no que concerne à habitação, à alimentação, aos meios de locomoção e a tudo que daí se segue (cf. Mt 5,3; 6,33-34; 8,20).

2) Para sempre renunciamos à aparência e à realidade da riqueza, especialmente no traje (tecidos ricos, cores berrantes), nas insígnias de matéria preciosa. Devem esses signos ser, com efeito, evangélicos: nem ouro nem prata (cf. Mt 6,9; 10,9-10; At 3,6).

3) Não possuiremos nem imóveis, nem móveis, nem conta em banco etc., em nosso próprio nome; e, se for preciso possuir, poremos tudo em nome da diocese, ou das obras sociais ou caritativas (cf. Mt 6,19-21; Lc 12,33-34).

4) Cada vez que for possível, confiaremos a gestão financeira e material em nossa diocese a uma comissão de leigos competentes e cônscios do seu papel apostólico, em mira a sermos menos administradores do que pastores e apóstolos (cf. Mt 10,8; At 6,1-7).

5) Recusamos ser chamados, oralmente ou por escrito, com nomes que signifiquem a grandeza e o poder (Eminência, Excelência, Monsenhor...). Preferimos ser chamados com o nome evangélico de padre (cf. Mt 20,25-28; 23,6-11; Jo 13,12-15).

6) No nosso comportamento, nas nossas relações sociais, evitaremos aquilo que pode parecer conferir privilégios, prioridades ou mesmo uma preferência qualquer aos ricos e aos poderosos (p. ex., banquetes oferecidos ou aceitos, classes nos serviços religiosos) (cf. Lc 13,12-14; 1Cor 9,14-19).

7) Do mesmo modo, evitaremos incentivar ou lisonjear a vaidade de quem quer que seja, com vistas a recompensar ou a solicitar dádivas, ou por qualquer outra razão. Convidaremos nossos fiéis a considerarem as suas dádivas como uma participação nor-

mal no culto, no apostolado e na ação social (cf. Mt 6,2-4; Lc 15,9-13; 2Cor 12,4).

8) Daremos tudo o que for necessário de nosso tempo, reflexão, coração, meios etc., ao serviço apostólico e pastoral das pessoas e dos grupos laboriosos e economicamente fracos e subdesenvolvidos, sem que isso prejudique as outras pessoas e grupos da diocese. Ampararemos os leigos, religiosos, diáconos ou sacerdotes que o Senhor chama a evangelizarem os pobres e operários compartilhando a vida operária e o trabalho (cf. Mt 11,4-5; Mc 6,4; Lc 4,18-19; At 20,33-35; 1Cor 4,12; 9,1-27).

9) Cônscios de exigências da justiça e da caridade, e das suas relações mútuas, procuraremos transformar as obras de "beneficência" em obras sociais baseadas na caridade e na justiça, que levam em conta todos e todas as exigências, como um humilde serviço dos organismos públicos competentes (cf. Mt 25,31-46; Lc 13,12-14.33-34).

10) Poremos tudo em obra para que os responsáveis pelo nosso governo e pelos nossos serviços públicos decidam e ponham em prática as leis, as estruturas e as instituições sociais necessárias à justiça, à igualdade e ao desenvolvimento harmônico e total do homem todo e em todos os homens, e, por aí, ao advento de uma outra ordem social, nova, digna dos filhos do homem e dos filhos de Deus (cf. At 2,44-45; 4,32-35; 5,4; 2Cor 8-9ss.; 1Tm 5,16).

11) Achando a colegialidade dos bispos sua realização a mais evangélica na assunção do encargo comum das massas humanas em estado de miséria física, cultural e moral (dois terços da humanidade), comprometemo-nos:

• a participarmos, conforme nossos meios, dos investimentos urgentes dos episcopados das nações pobres;

• a requerermos juntos ao plano dos organismos internacionais, mas testemunhando o Evangelho, como e fez o papa Paulo VI na Organização das Nações Unidas (ONU), a adoção de estruturas econômicas e culturais que não fabriquem nações proletárias em um mundo cada vez mais rico, mas sim permitam às massas pobres saírem de sua miséria.

12) Comprometemo-nos a partilhar, na caridade pastoral, nossa vida com nossos irmãos em Cristo, sacerdotes, religiosos e leigos, para que nosso ministério constitua um verdadeiro serviço; assim:

- esforçar-nos-emos para "revisar nossa vida" com eles;
- suscitaremos colaboradores para serem mais uns animadores segundo o espírito, do que uns chefes segundo o mundo;
- procuraremos ser o mais humanamente presentes, acolhedores;
- mostrar-nos-emos abertos a todos, seja qual for a sua religião (cf. Mc 8,34-35; At 6,1-7; 1Tm 3,8-10).

13) "Tornados às nossas dioceses respectivas, daremos a conhecer aos nossos diocesanos a nossa resolução, rogando-lhes ajudar-nos por sua compreensão, seu concurso e suas preces. Ajude-nos Deus a sermos fiéis"[1].

Assinaram os 42 bispos presentes na Catacumba de Santa Domitila:

Adrien-Edmond-Maurice Gand (bispo de Lille, França);

Alberto Devoto (bispo de Goya, Argentina);

Amand Louis Marie Antoine Hubert, SMA (vigário apostólico de Heliópolis, Egito);

Angelo Innocent Fernandez (arcebispo coadjutor de Delhi, Índia);

Antônio Batista Fragoso (bispo de Crateús, Brasil);

Antonio Gregorio Vuccino, AA (arcebispo emérito de Corfù, Zante e Cefalonia, Grécia);

Antoon Demets, CSSR (bispo coadjutor emérito de Roseau-Dominica, Antilhas);

Barthélemy-Pierre-Joseph-Marie-Henri Hanrion, OFM (prefeito apostólico de Dapango, Togo);

Charles Joseph van Melckebeke, CICM (bispo de Yinchuan, China);

Charles-Marie Himmer (Tournai, Bélgica), celebrante principal da Eucaristia solene;

Côté Philip Côté, SJ (bispo de Xuzhou, China);

Eduardo Tomás Boza Masvidal (bispo auxiliar emérito de San Cristobal de la Habana, Cuba);

Enrique Angel Angelelli Carletti (bispo de La Rioja, Argentina);

Francisco Austregésilo de Mesquita (bispo de Afogados da Ingazeira, Brasil);

Gabriel Auguste François Marty (arcebispo de Reims, França);

George Selim Hakim (arcebispo de Akka e Ptolemaida, do rito Greco-Melquita, Israel);

Georges-Hilaire Dupont, OMI (bispo de Pala, Chade);

Georges-Louis Mercier, MAfr. (prefeito apostólico de Laghouat, Argélia);

Gérard-Marie Coderre (bispo de Saint-Jean-de-Québec, Canadá);

Henri Alfred Bernardin Hoffmann, OFM Cap. (prefeito apostólico de Djibouti, África);

Henrique Hector Golland Trindade, OFM (arcebispo de Botucatu, Brasil);

João Batista da Mota e Albuquerque (arcebispo de Vitória, Brasil);

José Alberto Lopes de Castro Pinto (bispo auxiliar de São Sebastião do Rio de Janeiro, Brasil);

Joseph Albert Rosario, MSFS (bispo de Amravati, Índia);

Joseph Guffens, SJ (vigário coadjutor emérito de Kwango, Congo);

Josip Pavlišić (bispo auxiliar de Senj-Modruš, Croácia);

Julius Angerhausen (bispo auxiliar de Essen, Alemanha);

Lucien Bernard Lacoste (bispo de Dali, China);

Luigi Bettazzi (bispo auxiliar de Bologna, Itália);

Marcel Daubechies, MAfr. (bispo emérito de Kasama, Zâmbia);

Marcel Olivier Maradan, OFM Cap. (bispo de Port Victoria, Ilhas Seychelles);

Michel-Jules-Joseph-Marie Bernard, CS Sp. (arcebispo emérito de Brazzaville, Congo);

Oscar Sevrin, SJ (bispo emérito de Riagarh-Ambikapur, Índia);

Paul Marie Kinam-ro (arcebispo de Seoul, Coreia do Sul);

Paul Yü Pin (arcebispo de Nanking, China);

Paul-Joseph-Marie Gouyon (arcebispo de Rennes, França);

Rafael Gonzalez Moralejo (bispo auxiliar de Valência, Espanha);

Raymond D'Mello (bispo de Allah-abad, Índia);

René-Désiré-Romain Boisguérin, MEP (vigário apostólico de Yibin [Suifu], China);

Stanislaus Tigga (bispo de Riagarh-Ambikapur, Índia);

Tarcisius Henricus Josephus van Valenberg, OFM Cap. (vigário apostólico emérito de Pontianak, Indonésia);

Venmani S. Selvanather (bispo de Salem, Índia)[2].

## Notas

[1] KLOPPENBURG, B. *Concílio Vaticano II*: quarta sessão (1965). Petrópolis: Vozes, 1966, p. 526-528, vol. 5.

[2] *Archives Conciliares Charles Himmer*. Université Catholique de Louvain, n. 91, [s.d.].

# 5

# Mil razões para viver o Concílio Vaticano II

O Concílio Vaticano II oferece-nos um tesouro de valor inestimável. Nele há mil razões para viver e para ser feliz. Os bispos católicos reunidos de 1962 a 1965 mergulharam na fecunda e dinâmica história da Igreja cristã para nos ofertar e propor novas formas de viver a fé no seguimento de Jesus Cristo. Propuseram aos cristãos e às pessoas de boa vontade uma ida às fontes da água cristalina para saciar a sede infinita de amor, justiça, liberdade e fraternidade que habita cada coração humano.

A Conferência do Episcopado Latino-Americano e Caribenho em Medellín, realizada entre 24 de agosto e seis de setembro de 1968, foi semelhante a um momento de verdadeiro "parto eclesial" nos tempos modernos à luz do Vaticano II. A Igreja que sempre renasce pela presença do Espírito Santo proclamará o Evangelho de Cristo com nova linguagem e atitude nova diante da história humana. Não mais condenação e anátema, mas confiança, serenidade e misericórdia. Atualizar a esperança cristã como proclamou o beato papa João XXIII (1881-1963). Pode-se dizer sem medo que foi um verdadeiro Pentecostes eclesial e sinal profético para o mundo contemporâneo. Os dois eventos assumiram a Igreja como sacramento, sinal e instrumento da união entre Deus e a humanidade. Compreenderam a Palavra Viva de Deus como critério de julgamento da história e da própria Igreja. A partir de então, foram superados a visão fatalista da história e o medo do mundo, abrindo-se janelas aferroadas por trezentos anos para vislumbrar belos horizontes.

## A recepção do Vaticano II

A recepção da novidade do Concílio chegou rápida e veloz às terras latino-americanas. A América Latina e especialmente a Igreja em terras brasileiras, pela voz de bispos profetas e audaciosos, tornou sua a verdade proclamada nos documentos conciliares. Tornou regra de vida o que fora promulgado nos dezesseis textos emblemáticos. A recepção foi mais que simples obediência, fez-se vida. Os anteriores vinte concílios ecumênicos buscaram apaziguar desentendimentos doutrinários, fixando normas e dogmas, e sempre propondo anátemas e condenações. O Concílio e o encontro de Medellín assumiram o desafio da unidade dos cristãos e a ação pela paz como a missão maior da Igreja.

Se o personagem central brasileiro de todos os documentos e do próprio espírito que animava os textos foi dom Helder Pessoa Camara (1909-1999), a Conferência realizada na Colômbia, na cidade de Medellín, três anos após a conclusão do Vaticano II, possuía muitos outros protagonistas e vozes emergentes e originais. Passados tantos anos e para que nunca os esqueçamos em nossas práticas pastorais, pois são como nossos patriarcas na fé. São os bispos do período de ouro de nossa América Latina que procuraram identificar nas situações concretas de nossos povos e igrejas quais os sinais do Deus da vida e os compromissos a assumir. Os bispos em Medellín tomaram partido das imensas massas empobrecidas, fizeram pronunciamentos proféticos em tempos de golpes militares e viveram como pastores inseridos e amados por suas Igrejas particulares em profunda comunhão com a Igreja universal. Se houve limites e fragilidades no famoso documento de Medellín, também lemos riquezas e novidades. Entre os limites, faltam uma leitura histórica mais abrangente e estrutural, uma perspectiva de enculturação mais madura e fecunda, uma maior leitura da Bíblia na vida da igreja, já que as citações do Antigo e Novo Testamento em todo o documento se restringem a 44; e não é sequer mencionado o papel central da mulher na vida da Igreja latino-americana. Entre as riquezas, estão o exercício colegial dos bispos, o otimismo na construção do Reino, a opção pelos pobres e pelas comunidades de base, o compromisso em favor de uma tarefa criativa no processo de desenvolvimento de nossos povos.

### Patriarcas latino-americanos

Cada país pode se orgulhar de ter gerado algum destes padres da Igreja latino-americana que assumiram o espírito e a vida do Concílio e fizeram que se tornasse vivo na vida de suas Igrejas e em suas pregações e ditos proféticos. Comecemos recordando quatro bispos mártires, assassinados pelo compromisso radical com Jesus Cristo e sua Igreja: Enrique Ángel Angelelli (1923-1976), bispo de La Rioja (Argentina); Gerardo Valencia Cano (1917-1972), vigário apostólico de Buenaventura (Colômbia); Juan Gerardi Conedera (1922-1998), bispo de Santa Cruz Del Quiché (Guatemala), e Oscar Arnulfo Romero y Galdamez (1915-1980), arcebispo de San Salvador (El Salvador). Nesses homens de Deus, estão as sementes que os tornarão profetas de um futuro que não será mais deles, mas de seu sangue derramado nascerá uma multidão de novos cristãos vivendo em novas comunidades cristãs.

Será preciso citar, evidentemente, uma plêiade de bispos "de ouro" que embelezaram nossas Igrejas no passado recente. Citemos os brasileiros: Adriano Mandarino Hypólito (1918-1996); Antônio Batista Fragoso (1920-2006); Avelar Brandão Vilela (1912-1986); Cândido Padin (1915-2008); Clemente José Carlos Isnard (1917-

2011); Fernando Gomes dos Santos (1910-1985), Jorge Marcos de Oliveira (1915-1989) e José Vicente Távora (1910-1970).

Entre os irmãos bispos da América Hispânica e caribenha, recordamos pastores como: Carlos Parteli Kéller (Uruguai); Eduardo Francisco Pirônio (Argentina); Jorge Manrique Hurtado (Bolívia); Juan Landázurri Ricketts (Peru); Leonidas Proaño (Equador); Marcos Gregorio McGrath (Panamá); Raúl Silva Henríquez, Manuel Larrain Errazuriz e Enrique Alvear (Chile); Bartolomé Carrasco Briseño e Sergio Méndez Arceo (México). Eles tomaram consciência da identidade própria de nossa Igreja e a partir de uma visão profunda da fé cristã souberam estar à altura do desafio. Com esses bispos, termina a pré-história latino-americana e começa a história vivida a partir de projetos concretos e de um caminho novo, fiel à tradição, ancorado nas propostas do Vaticano II e aberta à realidade da cultura e da dinâmica dos latinos. Não era mais tempo de imitar as culturas da Europa, mas de cultivar uma resposta original para as sociedades concretas em que esses bispos estavam inseridos.

### A segunda geração de bispos profetas

Uma segunda geração de bispos surgiu nas décadas de 1970 e 1980 para dar continuidade à maratona iniciada por estes precursores: Afonso Felipe Gregory; Aldo Gerna; Aldo Mongiano; Aloísio Lorscheider; Angélico Sândalo Bernardino; Antônio Celso Queiroz; Apparecido José Dias; Décio Pereira; Erwin Kräutler; Fernando José Penteado; Jayme Henrique Chemello; José Gomes; José Ivo Lorscheiter; José Lamartine Soares; Luciano Mendes de Almeida; Luiz Demétrio Valentini; Luiz Gonzaga Fernandes; Marcelo Pinto Carvalheira; Mauro Morelli; Moacyr Grecchi; Orlando Octacílio Dotti; Paulo Evaristo Arns; Pedro Casaldáliga i Plá; Tomás Balduíno; Xavier Gilles de Mapeou d'Ableiges, entre tantos amados pastores de nossa Igreja Católica no Brasil.

Ao celebrar os cinquenta anos (em 2012) da sessão inaugural do XXI Concílio Ecumênico Vaticano II, foi feita a recordação pelo papa Bento XVI do que representou tal evento eclesial. O Brasil enviou nas quatro sessões conciliares, um total de 221 bispos e prelados, nove peritos e um leigo. Participaram do Pentecostes eclesial e nos deixaram o documento *Lumen Gentium* como a fonte de renovação eclesial; a *Sacrosanctum Concilium* que quis celebrar de forma ativa por todo o povo de Deus; a *Dei Verbum que* iluminou pela força da Palavra de Deus e, e a *Gaudium et Spes* que fez ressoar de forma alegre e esperançosa: que sejamos os humildes servidores do Evangelho de Jesus Cristo na vida do povo de Deus, em comunhão e participação rumo ao Reino de Deus na pátria brasileira.

**A maior razão para viver o Concílio**

Em 2 de junho, ao falar aos jovens em Milão (Itália), o papa Bento XVI disse: "A santidade é o caminho normal do cristão: não é reservada a poucos eleitos, mas aberta a todos. Naturalmente, com a luz e a força do Espírito Santo! E com a ajuda de nossa Mãe. Quem é nossa Mãe? É a Mãe de Jesus, Maria".

Animados por essas sábias palavras, também nós podemos dizer que os bispos participantes do Concílio, e das Assembleias de Medellín, Puebla, Santo Domingo e Aparecida, nos mostraram o caminho normal da santidade por dentro das veias abertas da América Latina. E fizerem desse caminho um modo concreto de experimentar Deus no amor aos pobres. A nossa alegria é imensa, pois podemos dizer que convivemos com esses santos bispos e que fomos amigos pessoais de muitos deles. Diremos a eles que o tesouro conciliar que nos ofertaram, nós o entregamos àqueles que vêm depois de nós. Como um canto de ofertório eclesial: "De mãos estendidas, ofertamos / o que de graça recebemos".

# 6

# Um coração, dois pulmões e dois rins

O corpo é sempre uma bela metáfora para falar das coisas de Deus. O apóstolo Paulo cita muitas vezes o Corpo de Cristo e suas articulações orgânicas comparando-O ao corpo humano. Ele diz que, para que tudo caminhe para o bem, é preciso que os membros saibam que pertencem a algo maior, que é parte de um todo belo e sinfônico. Fala da cabeça da comunidade de pessoas que é o próprio Cristo e na qual cada integrante é único e imprescindível para fazer o corpo viver unido e fiel a sua missão espiritual. São Paulo fala de muitos membros: pés, mãos, orelhas, olhos e ouvidos, por exemplo. Diz que muitos dos membros que parecem fracos ou desprezíveis são na verdade os mais necessários. Para que não haja divisão no corpo e que os membros tenham o mesmo cuidado uns dos outros (cf. 1Cor 12,25).

Todos sabem da importância do coração e de todo o simbolismo que o envolve. Na Igreja tudo remete ao coração: cordialidade, misericórdia, recordação, fonte do amor, coração em chamas, paixão. Essa válvula ou músculo cardíaco é, paradoxalmente, um órgão oco que bombeia o sangue para que este circule por nosso corpo, distribua a vida (oxigênio e nutrientes) e recolha o sangue venoso para ser purificado. Ele se esvazia e se enche de sangue para que este possa chegar até a mais distante célula do corpo. Todo esse potencial não seria exercido sem o apoio de 96.500km de veias e artérias de cada ser humano. Um complexo sistema cardiovascular que nos faz viver. O coração humano é pequenino: pesa entre 250 e 350g e possui o tamanho de um punho. Localiza-se na parte anterior à coluna vertebral e posterior ao esterno. Nos humanos, o imenso percurso de sangue bombeado por esse órgão é feito em aproximadamente cinquenta horas. O coração bate de 109.440 a 110.880 vezes por dia, bombeando nossos cinco litros de sangue. Por conta dele, vivemos a história. Graças ao sangue que flui suavemente, temos vida e energia para enfrentar a labuta de cada dia. Não é belo pensar que, graças a um pequenino músculo e suas milhares de veias e artérias auxiliares, vivemos, amamos, trabalhamos, sonhamos e nem sequer agradecemos a esta bombinha cardíaca? Mas o coração, sozinho, nada poderia fazer sem a cooperação de outros órgãos do corpo, em particular de dois filtros essenciais: os pulmões e os rins.

Os pulmões são dois órgãos do sistema respiratório de forma piramidal, responsáveis pelas trocas gasosas entre o meio ambiente e o sangue. A principal função deles é oxigenar o sangue e eliminar o dióxido de carbono do corpo. Os pulmões possuem consistência esponjosa medindo aproximadamente 25 centímetros, inseridos em uma caixa torácica e revestidos da membrana chamada pleura. Os rins são dois órgãos com forma similar a feijões, localizados na parte detrás do abdome, base importante do sistema urinário, e parte dos cinco sistemas excretores do ser humano: pulmões, fígado, pele, intestinos e rins. Ambos são filtros altamente seletivos, responsáveis por limpar o sangue das impurezas do corpo. Caso não funcionem corretamente, as impurezas acumulam-se, e a pessoa ficará intoxicada pela ureia e por demais substâncias tóxicas produzidas pelo próprio metabolismo (endógenas) ou internalizadas (exógenas), como remédio, drogas ou agrotóxicos.

Se um só coração nos basta para bombear todo o nosso sangue, são necessários dois pulmões e dois rins para filtrar esse mesmo sangue. Aqui está a nossa bela metáfora da Igreja de Cristo Jesus.

Deus fala ao coração de forma direta e simples e faz bombear a Sua vida de maneira direta por dentro de nós. Ele é o motor pulsante de nossa existência. No entanto, precisamos de muitos filtros internos e do suporte de dois pulmões e dois rins para purificar e retirar tantas impurezas produzidas ou consumidas para mostrar a bondade de Deus em nosso corpo feliz.

Durante seu pontificado de 27 anos, o beato João Paulo II (1925-2005) muitas vezes usou da comparação dos pulmões para falar da vitalidade da Igreja e da necessidade de articular os dois pulmões. Ele dizia que os pulmões eram as tradições do Ocidente e do Oriente. A seguir, estão as palavras do Santo Padre, nascido e vindo das terras eslavas: "Tamanha riqueza de louvores, acumulada pelas diversas formas da grande tradição da Igreja, poderia ajudar-nos a fazer com que a mesma Igreja torne a respirar plenamente 'com os seus dois pulmões': o Oriente e o Ocidente. Como já afirmei, por mais de uma vez, isso é necessário mais do que nunca, nos dias de hoje. Seria um valioso auxílio para fazer progredir o diálogo em vias de atuação entre a Igreja Católica e as Igrejas e as comunidades eclesiais do Ocidente. E seria também a via para a Igreja que está a caminho poder cantar e viver de modo mais perfeito o seu *Magnificat*"[1]. O papa afirmava que o Ocidente precisava aprender com a Igreja do Oriente e esta aprender com as Igrejas do Ocidente. Os pulmões precisam funcionar em conjunto como bom e azeitado sistema respiratório bem articulado. Um só nos faz sobreviver, mas ao pegar uma gripe ou pneumonia o risco de morte seria altíssimo.

E o que nós que vivemos no Ocidente poderíamos receber de forma oxigenada do Oriente? Aprendemos a riqueza da iconografia, a beleza e variedade dos ritos orientais, a força da teologia do Espírito Santo, o amor profundo por Maria, mãe de Deus, a beleza da vida religiosa de monges e monjas, os teólogos de tradição patrística, os grandes santos das igrejas perseguidas, os patriarcados e a *sinodalidade* efetivas e fecundas, o ecumenismo com as igrejas separadas e o diálogo inter-religioso com os irmãos judeus e muçulmanos, expressos em tão belas igrejas e em seus ícones, cantos e orações milenares. Quanta beleza nos é ofertada pelos maronitas, melquitas, bizantinos e ucranianos da ordem de São Basílio Magno (330-379)! Quanta riqueza! Quanto amor a Deus e aos irmãos são os sacramentos das igrejas orientais! Quanto a aprender!

Quais são os dois rins de nossa Igreja? Penso que poderíamos dizer que são as dimensões ativa e contemplativa de suas comunidades de fé, particularmente da vida das comunidades cristãs e dos mosteiros de vida contemplativa. Assim um rim é o daqueles que agem no mundo agindo pelo trabalho e pela missão evangelizadora em fábricas, escolas, sociedades e vida pública, inseridos e fermentando a massa diretamente. O outro rim é representado por todos aqueles que vivem a vida como anacoretas, monges ou místicos, em uma escolha de vida solitária ou comunitária, como eremitas ou cenobitas, rezando diariamente pelo mundo e vivendo humildemente o mistério do Deus vivo e verdadeiro no cultivo daquele silêncio que fala. Sem essa purificação "sanguínea", já estaríamos mortos ou muito doentes. Sem contemplação, perdemos o tesouro mais belo.

E o que nós, maioria da Igreja e que vivemos na vida ativa, podemos aprender de todas as religiosas e dos religiosos que cultivam o essencial da contemplação? Se toda vida cristã deve ser de contemplação, como não perder essa dimensão purificante e sanitária de nossas igrejas e comunidades? Aquelas pessoas a quem Deus chama para serem contemplativas são os seres mais abençoados pelo Espírito, e nós devemos ficar bem perto delas para compreender o chamado e beber dessa graça que não lhes pertence mais. Elas são semelhantes a um presente gratuito de Deus para toda a Igreja. Este e esta que se consagram à contemplação oferecem as graças de seu estado para os irmãos e as irmãs da vida ativa. Tornam-se como vasos comunicantes, levando e trazendo as forças do Espírito de Deus deles e por eles para cada um dos cristãos. Não pode haver nenhuma paróquia ou diocese que não esteja em contato com algum mosteiro ou abadia de vida contemplativa onde vivam monges ou monjas de vida de clausura. Essa é uma questão de comunhão fraterna e de saúde espiritual para todos os que estão na vida ativa. É uma ponte urgente e necessária, muitas vezes negligenciada ou esquecida.

Em 2006, o papa Bento XVI (1927-) perguntava-se sobre o sentido da vida contemplativa. Ele disse: "Há quem pergunte que sentido e que valor possa ter a presença no nosso tempo de tantas pessoas que nos mosteiros e nas ermidas, se dedicam totalmente a Deus e à oração, no silêncio e no escondimento. Por que 'fechar-se' para sempre dentro dos muros de um mosteiro? Que eficiência pode ter a sua oração para a solução dos numerosos problemas concretos que afligem a humanidade? [...] De fato estes nossos irmãos e irmãs testemunham silenciosamente que, no meio das vicissitudes cotidianas, por vezes bastante agitadas, o único apoio que jamais vacila é Deus, rocha inabalável de fidelidade e amor"[2].

"Queremos ver Jesus", pediam alguns gregos a Filipe (cf. Jo 12,21). Atualmente, muitos homens e mulheres fazem o mesmo pedido. Os contemplativos são chamados a mostrar ao mundo o ícone vivo, construído em suas vidas, pelas mãos de Deus e a projetar para o mundo O que contemplam. Neste mundo tão indiferente e, ao mesmo tempo, tão sedento de Deus, eles representam, na Igreja, a "ponta de diamante" da vida cristã. A vida contemplativa é sinal do Senhor Deus que caminha na coluna de nuvem para guiar no dia, e coluna de fogo para iluminar a noite (cf. Ex 13,21).

A finalidade única dos que abraçam a vida contemplativa é viver só para Deus. E não só em presença dele, mas todo de Deus em cada ação, palavra e gesto que fizer. Assim disse o monge trapista Thomas Merton (1915-1968): "Se o contemplativo se aparta do mundo, não é para desertar do mesmo nem de seus irmãos: conti-

nua enraizado com todo o seu ser na terra onde nasceu, cujas riquezas ele herdou e cujas preocupações e aspirações ele também trata
de assumir. E ele assim o faz para recolher-se mais intensamente na
fonte divina de onde brotam as forças que impulsionam o mundo
para frente, e para compreender, a essa luz, os grandes desígnios
dos seres humanos. De fato, é no deserto onde a alma humana acolhe frequentemente a mais sublime inspiração. Ali é onde Deus for-
mou o seu povo; ali é para onde Deus o conduz, depois do pecado,
'para seduzi-lo e falar-lhe ao coração (Os 2,16)'. Ali é também onde
o Senhor Jesus, depois de haver vencido ao diabo, mostrou todo o
seu poder e preanunciou sua vitória pascal"[3].

Na Arquidiocese de São Paulo, há algumas dessas fontes de
água pura borbulhando a presença de Deus no meio de nós: as
monjas concepcionistas, da Ordem da Imaculada Conceição da
Bem-Aventurada Virgem Maria, no Mosteiro da Luz; as irmãs carmelitas do Mosteiro Santa Teresa, da Ordem da Bem-Aventurada
Virgem Maria do Monte Carmelo, no Bairro de Mirandópolis; as
monjas beneditinas, da Abadia de Santa Maria, no Bairro do Tucu-
ruvi; as irmãs visitandinas, da Ordem da Visitação de Santa Maria,
no Mosteiro da Visitação, na Vila Mariana. Esses locais estão no
coração da capital paulistana, como um raio de sol. Assim disse São
João da Cruz (1542-1591): "O contemplativo é um raio de sol que
atravessa um vitral". Contemplar é abrir os olhos para a beleza e o
amor. O amor de Deus em nós faz-nos novas criaturas, pois é necessário que a vida ativa siga a contemplativa e que esta incendeie
aquela, como bem lembrava Santo Tomás de Aquino (1225-1274)[4].

Em muitos lugares do mundo, eles continuam a ser oásis do divino fecundando a terra seca e ávida de vida. São cartuxos, beneditinos, camaldolenses, cistercienses, jerônimos, trapistas, carmelitas,
clarissas, entre tantas outras ordens e famílias que se "dão" à vida
de oração em tempo pleno com a finalidade de dilatar o Reino de
Deus em todas as relações humanas e em lugares onde só a prece

pode entrar. Um belo exemplo nos vem de Santa Clara de Assis (1194-1253), que passava noites em oração e adoração aos pés do sacrário facilitando a pregação dos mendicantes. Na bula de sua canonização, disse o papa Alexandre IV (1199-1261): "Como era grande a força desta luz e como era forte a claridade do seu brilho! Apesar de encerrada no segredo do claustro, esta luz emitia para o exterior; embora recolhida dentro das paredes de um mosteiro, esta luz era projetada para todo o mundo. [...] Quanto mais Clara quebrava o vaso de alabastro que era o seu corpo no apertado recôndito da solidão, tanto mais a Igreja era perfumada com o odor da sua santidade".

A vida contemplativa é uma forma essencial da vida pastoral de qualquer Igreja particular e de toda a Igreja universal. É por essa razão pastoral e conectiva que Santa Terezinha do Menino Jesus (1873-1897), carmelita de vida contemplativa, foi proclamada Padroeira das Missões. É preciso evitar a cisão entre as dimensões do agir da fé e da oração. Nem pietismo, nem ativismo. Entrar na vida divina pelo caminho mais simples e vivendo a noite escura sem medo, crendo e amando o Amado que se oferece para cada um de nós. A união contemplativa é sempre uma experiência real, existencial, sólida, cálida e amorosa, nunca é um delírio e uma fuga. Como disse René Voillaume: "Os contemplativos são os mais realistas dos homens"[5]. Contemplar é doar-se a Deus e recebê-lo em sua vida e existência. É um abandonar-se na vontade divina e alegrar-se com isso. Essa disponibilidade para a iniciativa de Deus é apresentada por um contemplativo, que nós, que andamos tão atarantados e consumistas, buscamos tão desesperadamente para sermos felizes, mas raramente encontramos, pois vamos ao lugar errado. A felicidade está no mosteiro, não no supermercado. De acordo com o papa Bento XVI, "quem entra num mosteiro procura ali um oásis espiritual onde possa aprender a viver como verdadeiro discípulo de Jesus, numa comunhão fraterna serena e perseverante"[6].

Os dois pulmões oxigenando a vida de toda a Igreja cristã e os dois rins purificando nosso corpo serão a garantia de que o Oriente e o Ocidente unidos e as vidas ativa e contemplativa conectadas podem conjugar adequadamente o verbo evangelizar e tornar-se aquela provocação à esperança, no seguimento da fé, na entrega ao amor que se faz justiça para desembocar no suave caminho da felicidade. Este é o único caminho que nos faz afirmar convictos: "Deus existe e nos ama!" Nós mesmos fizemos essa experiência e falamos com Ele. Não foi por ouvir dizer somente. Passou por nossas veias. Passou por nossos pulmões. Passou por nossos rins. Somos participantes da aventura de Deus no mundo, como sacramentos do Eterno no tempo. "O tempo fica aberto, pois o tempo é o receptáculo em que o Espírito suscita a novidade. A história reserva-nos surpresas, destruição do passado e construção de novas formas seguindo no caminho da ressurreição, embora o termo seja reservado à plena manifestação fora deste mundo"[7]. Coração pulsando, pulmões inspirando e rins purificando como membros e órgãos do único Corpo de Cristo Jesus, nosso Salvador.

## Notas

[1] Carta Encíclica *Redemptoris Mater*, do sumo pontífice João Paulo II sobre a Bem--aventurada Virgem Maria na vida da Igreja que está a caminho (n. 34). Roma, 25 de março, Solenidade da Anunciação do Senhor, 1987.

[2] *Angelus*, domingo, 19 de novembro de 2006.

[3] MERTON, T. *El camino monástico*. Estella/Navarra: Verbo Divino, 1996, p. 228.

[4] SANTO TOMÁS DE Aquino. *De Magistro*: sobre o mestre. Intr., trad. e notas: Maurílio J.O. Camello. Lorena: Centro Universitário Salesiano de São Paulo, 2000, n. 11 [Questões discutidas sobre a verdade].

[5] VOILLAUME, R. *La contemplation aujourd'hui*. Paris: Du Cerf, 1979.

[6] Que os mosteiros sejam um "oásis espiritual" onde se possa "aprender a viver como verdadeiro discípulo de Cristo, em serena e perseverante comunhão fraterna". *Bento XVI à Assembleia Plenária da Congregação para a Vida Consagrada* [Disponível em http: www.radiovaticana.va/POR/articolo.asp?c=246306 – Acesso em nov./2013].

[7] COMBLIN, J. *A maior esperança*. Petrópolis: Vozes, 1974, p. 24.

# 7

# Santo Antônio, o amado santo desconhecido!

Nasce em Lisboa de família notável e importante, por volta de 1190, conforme as pesquisas de peritos antonianistas. É filho de Antônio Martinho de Bulhões e de dona Maria Tareja Taveira. Foi batizado com o nome de Fernando Martins de Bulhões. Vive uma infância comum em uma família tradicional lisboeta e ingressará na escola da catedral, onde aprende a ler, a escrever, a contar, a cantar, bem como lógica e retórica, além da gramática latina, até os quinze anos. Entra para o Mosteiro de São Vicente de Fora, dos cônegos regrantes de Santo Agostinho, por volta de 1209, onde permanece por dois anos. No final de 1210, aos vinte anos, pede para ser transferido para o Mosteiro de Santa Cruz de Coimbra. Ali continua seus esmerados estudos no que há de melhor em tradição científica à época. Está plenamente integrado à vida medieval portuguesa e ao que havia de mais erudito na Academia. Lê os textos bíblicos, as obras dos santos padres, particularmente Santo Agostinho (354-430), as enciclopédias de seu tempo, como as de João Cassiano (360-435), os *Libri Etymologiarum* de Santo Isidoro de Sevilha (560-636), os códigos legislativos e os manuais de pregação e história. É um sempre inquieto jovem em busca de mudança e aventura. Certamente conheceu os franciscanos que chegaram a Coimbra em 1210 e também os frades martirizados em 1220, no Marrocos. Aos trinta anos, sente-se chamado a uma opção radical em sua vida. Pouco tempo depois de se tornar padre (entre 1218 e 1219), decide tornar-se frade menor e caminhar pela vida errante de missionário da Palavra. Pede para ser enviado para evangelizar os sarracenos no Marrocos, o que será um fracasso, pois volta doente e fragilizado; por uma questão fortuita (ou será divina?), no retorno a Portugal, seu barco irá parar nas costas da Sicília, perto de Messina, depois de uma tempestade feroz, encontrando abrigo no conventinho dos franciscanos. Era a primavera de 1221, quando se une aos companheiros de Francisco de Assis (1182-1226), tornando-se frade mendicante; assume o nome de Antônio. Viverá um ano no eremitério de Montepaolo, onde faz a experiência da vida contemplativa. Ali realiza sua bela síntese entre vida ativa e contemplativa. No verão de 1222, revela-se um pregador breve e profundo, prendendo a atenção e o coração de todos os ouvintes. Tem privilegiada memória, vastíssima cultura e arte oratória brilhante. Torna-se o primeiro professor da Ordem. Este é um bilhete autêntico de São Francisco: "A frei Antônio, meu bispo, frei Francisco envia saudações. Apraz-me que ensines teologia aos frades, contanto que por tal estudo não extingas o espírito de oração e devoção, como está contido na Regra".

Passa a ensinar em Bologna, na Itália do Norte, por breve período. Fica por três anos na França (entre 1224 e 1227), especialmente na região sul, percorrendo Brive, Le Puy, Limoges, Montpellier e Toulouse. Nessa trajetória, enfrentou os hereges albigenses, ministrou cursos de curta duração em cada convento por onde passou e sempre pregava. Demonstra qualidade excepcional na arte da pregação e passa a ser a voz que clama pelas estradas e povoados, durante os últimos anos de sua breve e fecunda vida, como precursor da Escola Teológica franciscana. Enfrenta a heresia dos cátaros, com homens brilhantes como São Domingos de Gusmão (1170-1221), fundador da ordem dos pregadores. É homem compreendido por todos, pois se esmera em fazer-se entender pelos mais simples e incultos. Conhece abundantemente e de memória os textos sagrados e muitos dos comentadores da época. Prega por toda a Itália, a França e a Espanha, fazendo imensas multidões pararem sua vida cotidiana para ouvi-lo e mudarem de vida e atitudes. Ao voltar para Assis, participa da Assembleia Geral da ordem franciscana, em 1227, quando da transladação dos restos mortais de São Francisco. Permanece em Pádua até 1230, no cargo de provincial da Itália do Norte. Percorre a pé regiões e cidades como Bolonha, a Emilia, a Lombardia, Pésaro, a Romanha, Rimini, a Toscana e Veneza. Na Páscoa de 1228, prega na Basílica de Latrão, em Roma, diante do papa Gregório IX (1160-1241), de cardeais e do povo da Cidade Eterna. Naquele momento, o pontífice ter-lhe-á atribuído o apelido de "Arca do Testamento". Morre em Arcela, cansado e doente, a 13 de junho de 1231, por volta dos quarenta anos de idade. Serão as crianças da cidade que gritarão pelas ruas: "Morreu o padre santo! Morreu Santo Antônio!" Assim imediatamente ele será conhecido como *Il santo di tutto il mondo*", como escreverá o papa Leão XIII (1810-1903) em 1895, no sétimo centenário de seu nascimento. Em 30 de maio de 1232 (Dia de Pentecostes), onze meses após seu falecimento, será canonizado santo da Igreja, pelo papa Gregório IX. No dia da canonização, o sumo pontífice canta a antífona dos doutores: *O Doctor optime*. E promulga a bula da canonização *Cum dicat Dominus* por todo o orbe católico, convencido de que Santo Antônio é capaz de "iluminar a Igreja inteira". Em 16 de janeiro de 1946, será reconhecido solenemente como Doutor da Igreja, por Pio XII (1876-1958), pela carta apostólica *Exulta Lusitania felix*, na festa dos protomártires franciscanos.

Antônio de Lisboa e Pádua é um pregador itinerante, talvez o maior que toda a Idade Média tenha conhecido e apreciado, figurando entre os maiores comunicadores de todos os tempos. Seu teólogo e guia será Santo Agostinho, de quem beberá as intuições teológicas fundamentais. E recorrerá a São Bernardo (1090-1153) para expor as profundezas da mística cristã. Ele prega a pobreza e a penitência, reconforta os que sofrem, critica acidamente os ricos (especialmente por conta do pecado da usura e da avareza) e é duríssimo contra padres relapsos e carreiristas, conclamando a todos a uma vida evangélica. Vale citar que, nas legendas de sua vida, guardadas pelos franciscanos, há cenas de sua pregação aos peixes, que se agrupam para ouvi-lo atentamente, na cidade de Rimini. Na ocasião, Antônio fala-lhes do Deus Criador e dá-lhes sua bênção. Esta história certamente remete à do pai Francisco que pregou aos pássaros que o ouviram, quietos e atentos, até que lhes desse a ordem para voar. Francisco e Antônio são missionários e pregadores evangélicos de primeira grandeza. Ensinam que viver é caminhar seguindo Jesus pobre. E que é nesse caminho que fazemos a vida ganhar sentido pleno.

Durante dois séculos, o culto e a memória de Santo Antônio ficaram na sombra do *Poverello* de Assis, São Francisco. A partir do século XV e, sobretudo, a partir do século XVI, sua memória e seu culto, focados em Pádua, começam a expandir-se assombrosamente por toda a Europa Ocidental. Portugal torna-o patrono nacional e "exporta" o santo para todos os cantos do planeta aonde chegassem suas caravelas e seus navios. Marinheiros, náufragos e prisioneiros tomam-no como protetor e defensor. Sobretudo, as classes populares por toda a cristandade colonial faz dele santo de predileção e devoção. A partir do século XVII, muitos passam a invocá-lo para encontrar objetos perdidos, ou a saúde perdida e, por fim, para todas as causas de difícil solução na vida e no amor. Antônio torna-se um intercessor importante na fé e no catolicismo popular devocional. Isso faz com que seja o mais famoso dos santos e, ao mesmo tempo, o mais desconhecido entre eles. Atualmente, quase ninguém saberá dizer nenhum de seus sermões e talvez jamais tenha lido algum deles. Estranho e paradoxal destino daquele que se quis sempre um modesto companheiro de Francisco e um fiel pregador da palavra dos evangelhos. No Brasil atual, é certamente um dos santos de devoção mais expandida. Hoje 34 municípios brasileiros levam seu nome. Aqui chegou a devoção dos portugueses expressa em quadrinhas como esta do povo do Minho: "Santo Antônio tem um nicho, a cada canto de aldeia; reza-lhe o povo à noitinha, depois de comer a ceia". No País, a devoção fez-se tão forte que até tivemos um Santo Antônio negro! Diz Luís da Câmara Cascudo (1898-1986): "Muito venerado pelos escravos do Brasil era o Santo Antônio de cor preta. Creio que não se trata do Santo Antônio de Noto, mas a devoção e carinho dos escravos seriam ao verdadeiro Santo Antônio de Lisboa, com o pigmento escuro, que o aproximava dos seus amigos escravos"[1]. No Brasil, nosso santo com o rosto do povo negro. Fez-se negro, com os negros. Pobre, com os pobres. Foi abrasileirado o santo luso-italiano. Virou brasileiro. Esse culto antonino se expande por todo o Brasil, em orações e trezenas ao santo, em que se declamam trovinhas como esta: "Quem milagres quer achar contra os males e o demônio busque logo a Sant'Antônio, que só há de encontrar. Aplaca a fúria do mar, tira os presos da prisão, o doente torna são, o perdido faz achar. E, sem respeitar os anos, socorre a qualquer idade; abonem esta verdade, os cidadãos paduanos".

### As representações artísticas do santo

As representações medievais do nosso santo não são muito numerosas; entre elas, podemos destacar o vitral a Basílica de São Francisco em Assis, datado do século XIV. A partir do século XVI, Santo Antônio tornar-se-á abundantemente retratado mais do que qualquer outro santo católico e até mesmo mais do que os apóstolos. Toda igreja importante nas grandes cidades dedicará ao santo ao menos uma capela votiva. Em geral, ele é representado com a túnica rústica dos franciscanos com o cordão lateral de três nós apresentando quadros das legendas e de suas pregações às massas populares. Há quadros de sua pregação ao povo, aos peixes, em companhia de São Francisco e de seus irmãos, realizando milagres, curando doentes, fazendo um jumento se ajoelhar diante da Eucaristia, para convencer aos incréus e os impenitentes. Sobretudo, é apresentado pela arte o momento de sua visão da Virgem e do Menino Jesus que lhe aparecem em sonho. Este Menino Jesus, quer sentado, quer em pé sobre um livro, será transformado em seu emblema mais conhecido em quadros, vitrais e pequenas estátuas de madeira. Belo exemplo desta arte vemos no quadro do pintor espanhol Bartolomé Esteban Perez Murillo (1618-1682), datado de 1668 e exposto no Museu de Sevilha, que mostra a figura de um Antônio com barba e de rosto mais magro e alongado. Muitas vezes, a iconografia antoniana se confunde com as obras de São Francisco ou e mesmo com representações de Santo Antão (251-356). Vale lembrar que, muitas vezes, Santo Antônio é representado por um coração em chamas (imagem emprestada daquela de Santo Agostinho), que mostra o vínculo direto com a família agostiniana e seu ardente amor pelo Cristo. Muitas imagens o colocam ao lado dos santos evangelhos, para destacar sua predileção pela Palavra Sagrada.

### Os sermões de Santo Antônio revelam sua vida interior

"Santo Antônio de Lisboa vive a sensibilidade, a racionalidade e a fé, no modo do seu mundo e na perspectiva franciscana que constantemente se repete e se renova, sem se contradizer. Podemos dizer que há uma verdadeira pedagogia antoniana: o ensino da procura e o encontro do espiritual no quotidiano, tão característico do franciscanismo. Santo Antônio dispõe-se a salientá-lo como a atitude a ser despertada e aprofundada na problemática do cristianismo. Ao longo de seus sermões, Santo Antônio dirige-se aos homens, com eloquência e persuasão, no sentido de encontrar, para lá das condições do momento, mas dentro desse mesmo transitório, o que a vida tem de sagrado, quando entendida com dignidade e na vivência da motivação espiritual da natureza, não através da insuficiente aridez racional, mas partindo da convivência profunda da sensibilidade e da afetividade: o homem é um todo que a sua espiritualidade coordena e aprofunda. Quando se tenta fazer alguma coisa esquecendo esse todo e o papel que a espiritualidade nele tem, a única consequência é o enfraquecimento do homem"[2].

Os sermões antonianos foram escritos em Lisboa e revistos na Itália. São ainda pouco conhecidos no Brasil, apesar da primorosa edição bilíngue em latim e português (em dois volumes) publicada em 1987, por Lello Editores, na cidade do Porto, Portugal, sob os cuidados e tradução de frei Henrique Pinto Rema, OFM. No país, conhecem-se mais as legendas de Santo Antônio que sua pregação. Precisamos fazer conhecida sua palavra, pois é de uma atualidade completa. Para nosso santo, as Sagradas Escrituras são a base fundamental da pregação e do viver. Seus sermões revelam uma cultura e uma inteligência raras e uma personalidade marcante. Diz o tradutor franciscano: "Nos sermões antonianos, há mais cultura do que eloquência, enquanto eles se destinavam a ensinar, sim, mas também a fazer viver a doutrina ensinada. O seu objetivo moral é bem nítido; a ascese austera seria o meio. Na verdade, Antônio é mais asceta do que místico; interessa-se mais pelos pecadores deste mundo do que pelos eleitos do céu. Esta a razão, talvez, de ser o primeiro a realizar uma pregação de estilo novo, não monástica"[3].

Toda a obra antoniana gira em torno da Palavra de Deus dita às pessoas concretas. Em seus sermões autênticos, temos 3,7 mil citações do Antigo Testamento e 2,4 mil citações do Novo Testamento. Temos muito a ser estudado desse nosso amado santo. Especialmente precisamos ouvir seus Sermões e suas metáforas, pois são afastados do saber árido e seco. Santo Antônio é o Doutor Evangélico, por tudo o que disse, viveu e encarnou. Foi um pregador fulgurante, um martelo de Deus contra os maus prelados e os religiosos relapsos. Ler os sermões do taumaturgo português e italiano é conhecê-lo por dentro e reconhecer sua densidade espiritual. Ele é um santo de carne e osso, pouco conhecido em sua vida concreta e em seus gestos proféticos. Um santo para os nossos dias. Fala de Deus na vida cotidiana e assume a defesa dos pequeninos. É um homem quase desconhecido, como bem diz Jacques Toussaert. Chegou a hora de conhecer de fato ao homem de Deus e nosso irmãozinho Antônio, em suas palavras e nos meandros de sua alma evangélica. Ouçamos o que diz o santo: "Diz Tamar a Judá: 'Quero o teu anel, o bracelete e o cajado que tens na mão'. Estas três coisas representam toda a justiça, que é dar a cada um o que lhe pertence, a saber: o anel da fé a Deus (com ele são marcadas as promessas nos corações dos fiéis), o bracelete da caridade ao próximo (estende o braço para levantar e põe o ombro debaixo para levar o peso da necessidade fraterna), o cajado da disciplina da penitência a si mesmo (para a gente se defender dum cão e se sustentar para não cair)"[4].

## Notas

[1] *Dicionário do Folclore Brasileiro*. Belo Horizonte: Itatiaia, 1993, p. 63.
[2] SANTO ANTÔNIO DE LISBOA. *Obras completas*. Prefácio de Jorge Borges de Macedo. Porto: Lello, 1987, vol. I.
[3] Ibid., p. LVII.
[4] SANTO ANTÔNIO DE LISBOA. "Sermão da Ascensão do Senhor". In: *Obras completas* – Sermões dominicais e festivos. Porto: Lello, 1987, p. 935-936, vol. 2.

## Parte II
### Presente

---

# A arte de viver o presente

# 1
# *Aggiornamento*

O Santo Padre João XXIII (1881-1963) sonhou um Concílio e assumiu realizá-lo a partir de duas metas bem amplas. Ângelo Giuseppe Roncalli fora eleito papa aos 77 anos como um bispo de transição e paradoxalmente será esse bispo bergamasco quem irá realizar a mais importante conversão da Igreja Católica em quinhentos anos de centralismo verticalizado. Ele proporá, em 25 de janeiro de 1959, a realização do Concílio Ecumênico Vaticano II, tendo como meta primária a adaptação da Igreja ao mundo em acelerada transformação, pós-Segunda Guerra Mundial. A segunda meta seria a ingente tarefa de reconstruir a unidade cristã dilacerada e escandalosa dos últimos mil anos. Fez uma consulta urgente entre 2.594 prelados, 156 superiores-gerais de institutos e 62 universidades católicas perguntando o que discutir nessa reunião de toda a Igreja com o bispo de Roma. A palavra-chave desse processo será conhecida pelo vocábulo italiano *aggiornamento*, que poderíamos traduzir por "atualização, adaptação, renovação e interpretação dos sinais dos tempos dialogando com a Tradição e expressos em novas expressões culturais inteligíveis pelas pessoas de hoje". Um homem simples como foi o Papa Bom, buscou renovar por dentro a Igreja para mostrar-se como humilde serva da humanidade. Seu lema episcopal foi seguido à risca: "Obediência e paz". Em 8 de dezembro de 2015, celebraremos os cinquenta anos do término desse imenso evento pentecostal pelo qual a Igreja no Brasil se tornou uma fiel filha das decisões conciliares, particularmente pela lucidez profética de dom Helder Camara (1909-1999). O Brasil enviou 221 bispos para participar, dos quais, atualmente, quatro estão vivos. Por esses patriarcas conciliares, experimentamos que o Concílio Vaticano permanece produzindo frutos de vida e santidade.

### Dezesseis documentos e muitas mudanças

Os 3.060 padres conciliares aprovaram, junto ao bispo de Roma, dezesseis documentos para realizar no futuro uma verdadeira reforma da Igreja fiel ao Evangelho de Jesus Cristo. Cada um dos documentos trouxe inúmeras novidades na ação e na organização pastoral, na forma cultural de apresentar a Igreja e na pregação do Evangelho. Fundamentado em lúcido texto do teólogo Francisco Catão[1] destacarei quatro pontos centrais da maravilhosa metamorfose da Igreja que agora se reconhece como essencialmente um povo de Deus, feito missionário em favor da Igreja sem fronteiras. Esses eixos da renovação interna e externa das comunidades eclesiais, na ação de seus ministros e catequistas, vão favorecer um novo modo de toda a Igreja ser marcada pelo caminho da comunhão e da participação, dos ministérios de todos os cristãos e da vida alimentada pela Palavra e pela Eucaristia. Esta foi a palavra profética do professor Catão escrita no remoto ano de 1965: "O principal e mais urgente dever pastoral no Brasil de hoje parece-nos ser o de conviver com o povo, para que o fermento da Igreja de Jesus levede essa massa interiormente trabalhada pelo Espírito de Deus"[2]. Tarefa assumida por todos os cristãos e certamente não só pela hierarquia se pretender ser eficaz.

As quatro maiores novidades estão presentes nas quatro constituições dogmáticas e pastorais do Concílio Vaticano II. Em 1963, uma mudança proposta na Constituição sobre a Liturgia[3] indica uma passagem pascal: "De uma concepção litúrgica invertebrada, para uma liturgia polarizada pela Páscoa do Senhor" (SC, n. 5-6.47.61.

102-111). Uma novidade na Constituição sobre a Revelação[4] passa: "De uma noção de Tradição paralela e concorrente da Escritura, para a Tradição, veículo da Palavra de Deus na Igreja" (DV, n. 7-10). Uma novidade da Constituição sobre a Igreja[5] avança: "Da Igreja instituição da Salvação, para o Povo de Deus em comunhão com Ele, no seio de uma humanidade salva por Cristo" (LG, n. 2-4.9-17.30-38). Uma novidade da Constituição sobre a Igreja[6] no mundo de hoje mostra a transformação: "Da Igreja apegada a uma doutrina e a uma moral válidas por si mesmas, para a Igreja sensível aos novos problemas do mundo, procurando junto com todos os homens uma solução que corresponda às suas aspirações mais profundas" (GS, n. 4-11).

Assim podemos afirmar que a Igreja conseguiu viver uma grande conversão. Em lugar de colocá-la no centro de tudo, coloca o Reino de Deus. Em lugar de só destacar a hierarquia, fala da Igreja toda ela ministerial como Povo de Deus. Em lugar de segregar as vocações, passa a valorizar o compromisso batismal e missionário como fonte de todas as graças e ação sacerdotal. Em lugar da apologética e dos anátemas persecutórios, passou ao diálogo. Em lugar do proselitismo e da imposição da fé, passou ao testemunho que propõe o caminho de Jesus como sabedoria e experiência de vida pascal. Em lugar da uniformidade, quer viver o pluralismo em favor da unidade. Em lugar de esperar por, a Igreja assume uma postura de ir até o outro.

### O que ainda resta a ser feito?

A tarefa principal é viver o Concílio em sua intuição original, em seus documentos renovadores e na vida concreta de nossos povos e culturas. Alguns temas ainda precisarão ser enfrentados e aprofundados para que a Igreja do/no futuro seja um instrumento da salvação do Cristo Salvador. Destacamos sete pontos:

1) O papel e lugar da mulher na Igreja, já que 23 mulheres estiveram presentes somente como ouvintes (*auditrices*), não podendo

exprimir sua voz ou mostrar a tarefa ministerial que desempenham na Igreja em nível local e internacional.

2) A moral sexual e matrimonial não foi tratada de forma ampla e livre. Os casais precisarão sempre mais ser ouvidos pelos bispos para acompanhar como pastores as novas e complexas formas de família na atualidade.

3) A reforma da Cúria Romana, mencionada, mas postergada, impedindo uma Igreja mais sinodal, pujante e cooperativa.

4) A escolha participativa nas dioceses de seus bispos e uma revisão do papel dos titulares, auxiliares e bispos eméritos.

5) O fim do celibato obrigatório dos presbíteros de rito latino, para atender as comunidades sem eucaristia, e a vocação sacerdotal de homens casados.

6) O formato e o papel dos sínodos episcopais regionais e locais.

7) As novas questões ecológicas e o futuro das relações humanas nos ambientes virtuais e da internet.

### Os padres conciliares vivos atualmente

Em 11 de abril de 2020 havia 5.600 bispos vivos, dos quais 15 participaram pessoalmente como membros efetivos do Concílio Vaticano II, em ao menos uma das quatro sessões celebradas entre os anos de 1962 a 1965, na Basílica de São Pedro, no Vaticano. A primeira sessão ocorreu entre 11 de outubro de 1962 até 8 de dezembro de 1962, em que marcaram presença 2.448 padres conciliares (no mundo, havia 2.904 bispos). A segunda sessão foi celebrada de 29 de setembro de 1963 até 4 de dezembro de 1963, com a presença de 2.488 padres (total de bispos no mundo: 3.022). A terceira sessão transcorreu de 14 de setembro de 1964 até 21 de novembro de 1964 com a presença de 2.468 padres (total de bispos no mundo: 3.074). A quarta e última sessão realizou-se de 14 de setembro de 1965 até 8 de dezembro de 1965, com a presença de 2.625 padres (total de bispos no mundo: 3.093). O total conciliar foi de 3.060 membros, sendo 129 superiores-gerais e dois papas, cardeais, patriarcas, arcebispos, bispos, prelados, prefeitos e abades. Estiveram presentes 52 leigos ouvintes, 168 observadores de outras igrejas cristãs e 480 peritos. Durante o tempo conciliar, morreram 225 padres e foram nomeados 296 novos bispos.

### Número de religiosos divididos por continentes

- Europa: 1.060 padres de 31 países.
- Ásia: 408 padres de 25 países.
- África: 351 padres de 51 países.
- Oceania: 74 padres de 6 países.
- América do Norte: 416 padres de 4 países.
- América Central: 89 padres de 16 países.
- América do Sul: 531 padres de 12 países.
- 129 Superiores-gerais.
- Total: 3.058 + 2 papas = 3.060 participantes com direito a voz e voto.

## Notas

[1] *Novo Pentecostes em cem proposições* [Mimeo.], 1966.

[2] *A Igreja sem fronteiras.* São Paulo: Duas Cidades, 1965, p. 90.

[3] PAPA PAULO VI. *Constituição Conciliar Sacrosanctum Concilium* – Sobre a Sagrada Liturgia. Roma, 4 de dezembro de 1963 [Disponível em http://www.vatican.va/archive/hist_councils/ii_vatican_council/documents/vat-ii_const_19631204_sacrosanctum-concilium_po.html].

[4] PAPA PAULO VI. *Constituição Dogmática Dei Verbum* – Sobre a revelação divina. Roma, 18 de novembro de 1965 [Disponível em http://www.vatican.va/archive/hist_councils/ii_vatican_council/documents/vat-ii_const_19651118_dei-verbum_po.html].

[5] PAPA PAULO VI. *Constituição Dogmática Lumen Gentium* – Sobre a Igreja. Roma, 21 de novembro de 1964 [Disponível em http://www.vatican.va/archive/hist_councils/ii_vatican_council/documents/vat-ii_const_19641121_lumen-gentium_po.html].

[6] PAPA PAULO VI. *Constituição Pastoral Gaudium et Spes* – Sobre a Igreja no mundo atual. Roma, 7 de dezembro de 1965 [Disponível em http://www.vatican.va/archive/hist_councils/ii_vatican_council/documents/vat-ii_const_19651207_gaudium-et-spes_po.html].

# 2

# A crise da fé e os sinais dos tempos

Um belo texto bíblico sapiencial, conhecido como *Coélet* ou Eclesiastes, proclama o dilema do viver, de forma ácida: "Para tudo há momento, e tempo para cada coisa sob o céu: tempo de dar à luz e tempo de morrer; tempo de plantar e tempo de arrancar o que se plantou; tempo de matar e tempo de curar" (Ecl 3,1-3). Observando a realidade de nossas Igrejas, sentimos a acidez desta leitura bíblica diante do desafio de interpretar os novos sinais dos tempos. É necessário fazer uma boa análise da conjuntura eclesial. O que se passa entre nós? O que está acontecendo com o cristianismo nos tempos pós-modernos? O que está fazendo a Igreja Católica depois de quase cinquenta anos do início do Concílio Vaticano II? (1962-2012). Quais são seus acertos? Quais são as fragilidades ou erros cometidos? Para onde caminhar como Igreja de Deus?

Uma pesquisa coordenada por Marcelo Cortes Neri, publicada em 23 de agosto de 2011 e realizada com mais de 200 mil brasileiros pelo Centro de Políticas Sociais da Fundação Getúlio Vargas (FGV), apresenta um novo mapa das religiões no Brasil. Nele se verifica que houve uma nova queda de 7,26% nos últimos seis anos entre as pessoas que se declaravam católicas (de 73,79%, em 2003, para 68,43%, em 2009). Em contrapartida, ocorreu um significativo aumento no número dos que se declaram "sem religião": 1,59 ponto percentual, chegando a 6,72% em 2009. Outra queda que chamou a atenção é aquela atestada pela pesquisa entre os jovens de quinze a dezenove anos. Os católicos nessa faixa etária passaram de 75,22%, em 2003, para 67,49%, em 2009. Tais dados parecem confirmar o que se vê nas grandes cidades e que já havia sido anunciado pelo Censo do IBGE do ano 2000: crescem os agnósticos, crescem os que abandonam as religiões formais, crescem os cristãos pentecostais, crescem os que migram entre as igrejas, cresce a secularização e, sobretudo, amplia-se o pluralismo religioso como algo permanente e visível na realidade brasileira. Serão esses os novos tempos? O atual mapa é indicativo de que tipo de nova realidade religiosa ou antropológica? O que querem os brasileiros, ou melhor, o que não querem mais em termos de religião e de pregação da fé?

A Igreja Católica no Brasil está organizada de forma dinâmica em 278 dioceses (sendo 45 sedes metropolitanas), distribuídas em uma rede de 11.700 paróquias, 50.159 centros comunitários pastoreados por 475 bispos com o apoio e a comunhão na Igreja local por 27.300 presbíteros e 3.849 diáconos permanentes que formam o rosto do ministério ordenado da Igreja articulados de modo permanente com 2.674 irmãos, 29.868 religiosas e 700.000 catequistas leigos nos múltiplos ministérios instituídos que vivem as vocações específicas respondendo ao chamado do Espírito de Deus. Desde que o papa Júlio III criou a primeira diocese brasileira, a sede primacial de São Salvador da Bahia, nascida em 25 de fevereiro de 1551 e, passados 470 anos (2021), verificamos que muito se fez para proclamar o Evangelho. Mas terá sido pouco? Existe força suficiente ou carece de mão de obra? Em uma mudança de época que exige novos métodos, a Igreja não estará sabendo criá-los? Saberá elaborar novas linguagens e novas formas de organizar a pastoral para enfrentar o tempo de crise em que estamos mergulhados? Ou repetirá respostas inadequadas por que são caducas?

A Igreja é desafiada a ver com profundidade tal realidade, sem medo e sem falsas respostas, reconhecendo-se frágil diante do desafio que está posto a sua frente. Em sua tarefa única de evangelizar e proclamar o Reino de Deus, seguindo Jesus Cristo, a Igreja precisa construir um agir inédito que suscite a esperança. Saberá confrontar as bases do pensamento da sociedade em mutação? Saberá ser profeta da esperança ou da desgraça?

A pista de solução está na fidelidade ao Evangelho, que é sempre boa notícia. Como comunidade que crê firmemente no futuro, é preciso que a Igreja volte a desempenhar o papel espiritual que a faça uma religião de chamada e não tanto uma religião de autoridade. Uma religião de proposição e não uma religião de imposição. Cada vez mais uma Igreja servidora e cada vez menos uma Igreja servida e estagnada. Cada vez mais uma Igreja que suscite ministérios e forme comunidades e menos uma Igreja medíocre que repete ritos sem alma ou amor. Mais uma Igreja da comunhão e participação e menos uma Igreja vertical e sem alegria. Mais uma Igreja que viva e se alimente da Palavra que é Jesus e menos uma Igreja que se perca em enfeites e bordados. Mais uma Igreja do silêncio e menos uma Igreja do grito e do excesso. Mais uma Igreja orante e discípula e menos uma Igreja estressada de atividades sem horizonte nem método. Esta era a prece do padre e teólogo chileno Ronaldo Munhoz: "Pouca bênção de armas, bancos e governos, muitas marchas de paz, justiça e liberdade. Pouco temor ao Deus do castigo e da morte, muito respeito ao Deus do amor e da vida. Pouco culto de costas ao povo ao Cristo Rei eterno nas alturas; muito amor e seguimento a Jesus, o de Maria, companheiro, profeta, Filho do Pai".

Se o mundo mudou, é preciso que se faça um diagnóstico preciso do que é essa mudança, suas causas culturais e políticas. E que são as respostas humanas e os silêncios advindos da arrogância humana. Não é preciso perder ou barganhar a mensagem de Jesus Cristo, mas é preciso sintonizá-la com os anseios dessa nova etapa da civilização. Será preciso e urgente pregar a Ressurreição de Cristo diante das novas angústias, de cruzes dolorosas e das perguntas incômodas do nosso tempo. Quando se pede que a Igreja se renove, espera-se que seja capaz de assimilar a experiência espiritual desse novo tempo e dessas novas pessoas.

A Igreja deve assumir uma tríplice tarefa: 1) Tratar a Deus como Deus e sujeito por excelência de sua pregação; 2) Responder à sede interior do homem moderno respeitando os interlocutores e aprofundando suas perguntas; 3) Por fim, propor com singeleza seu caminho existencial diante da vida como proposta de felicidade ao homem todo e a todo ser humano. Como profetizou em 1946 o teólogo jesuíta Jean Guenolé Marie Daniélou (1905-1974): "A hora é decisiva para a Igreja. As gerações anteriores acumularam os materiais; agora se trata de edificar. Será preciso pessoas que tenham um senso profundo da tradição cristã, uma vida de contemplação que lhes dê a inteligência do mistério do Cristo e um senso agudo das necessidades de seu tempo e um amor incandescente por seus irmãos contemporâneos, ou seja, pessoas tão livres face às formas humanas que sejam ligados estreitamente por laços interiores do Espírito" (*Revista Études*, t. 249, 01/04/1946, p. 21). Assim estará sendo fiel ao pedido dos bispos na Conferência de Aparecida (2007): "Esperamos promover um laicato amadurecido, corresponsável com a missão de anunciar e fazer visível o Reino de Deus".

### A resposta samaritana

O *Documento de Aparecida* explicita cinco rostos sofredores que exigem contemplação eclesial: moradores das ruas, enfermos, dependentes de drogas, migrantes e presos. Eles interpelam o núcleo do agir da Igreja e da pastoral (cf. DA 407). Tais rostos machucados clamam por gestos concretos onde se evite a atitude paternalista (cf. DA 411). A opção primordial pelos pobres deve levar à amizade profunda com eles. Como amigos, tornarmo-nos defensores de seus direitos (cf. DA 412) e aprendizes da misericórdia de Deus.

A primordial tarefa da Igreja é mirar os rostos dos pobres e reconhecer neles o próprio Cristo. A pergunta de Jesus segue atual: "Quem dos três se fez ou comportou-se como próximo?" (cf. Lc 10,36). De acordo com o teólogo peruano Gustavo Gutierrez, a proximidade é resultado de "uma ação, de uma aproximação, e não uma simples cercania física ou cultural". As Igrejas, os ministros e as comunidades precisam assumir-se samaritanos. Não podem ter amor abstrato e neutro. Amar os pobres no Brasil exigirá que saiamos da neutralidade e nos aproximemos dos outros que estão caídos pelos caminhos da vida. Especialmente da juventude excluída e marginalizada de nossas metrópoles e de nosso campo.

### Sinais nutritivos de Deus

Existem cinco grandes sacramentos da vida espiritual que estão sempre a nutrir as nossas comunidades de fé: a Palavra de Deus; a Eucaristia; a Igreja vivida como povo de Deus a caminho; a experiência de conversão diária pelo encontro pessoal com o Cristo vivo; e uma fé ardorosa no Deus Trinitário vivida na entrega de nossa vida aos pobres.

Assim professaram um belo credo os bispos católicos em Aparecida: "Conhecer a Jesus Cristo pela fé é nossa alegria; segui-lo é uma graça, e transmitir este tesouro aos demais é uma tarefa que o Senhor nos confiou ao nos chamar e nos escolher [...]" (DA 18).

É urgente haver uma forte comoção para desinstalar certo tipo de Igreja acomodada (cf. DA 376). É urgente que a Igreja se converta em um poderoso centro de irradiação da vida em Jesus Cristo. É urgente que irrompa um novo Pentecostes. Há sinais enviados por Deus. Quem tem ouvidos para ouvir que ouça. Quem tem mãos para agir que as utilize. Quem tem coração para orar que se coloque em atitude de prece para que graças abundantes sejam derramadas e o mundo creia e se salve.

Aqui, vale citar alguns exemplos de fiéis, como irmã Dirce Genésio dos Santos, o padre operário Dominique Barbé, irmã Enilda de Paula Pedro, irmã Fernanda Trinidad Dominguez, irmã Helen Connors, irmã Maria Dolores Junquera, o advogado Mário Carvalho de Jesus e frei Romeu Dale. Eles acreditaram nesse novo Pentecostes e ofereceram suas vidas ao configurarem-se ao Cristo e darem um rosto visível e transparente à Igreja samaritana que viveram pela fidelidade permanente de seu amor aos outros. É preciso não perder a memória dessas testemunhas, pois foram sementes e exemplos para as novas gerações. Precisa-se forjar sempre e a cada dia uma nova escola de promotores da paz e novos samaritanos. Para isso é necessário viver como quem foi marcado com o sinete de Deus (cf. 2Cor 1,22), para sermos santos e irrepreensíveis no amor (cf. Ef 1,4.13). O maior sinal do Espírito é ser bom, compassivo e capaz de perdoar (cf. Ef 4,32).

Como afirma o Concílio Vaticano II no documento sobre os leigos: "Entre os sinais de nosso tempo, é digno de nota aquele senso sempre mais amplo e inelutável de solidariedade entre os todos os povos. Promovê-lo com carinho e transformá-lo em sincero e verdadeiro afeto de fraternidade é tarefa do apostolado leigo" (AA14). Toda grande obra espiritual procede da missão e não da função. Quanto mais a Igreja se acercar dos pobres e de Deus, tanto mais fecunda será. Quanto mais pobre for, mais rica será de Deus. Quanto menos coisas guardar, mais presença de Deus lhe será brindada.

Que a Virgem de Guadalupe estimule a Igreja a crer nos pequeninos! Que a Igreja os considere embaixadores de Deus. E que, crendo nos pequenos, como Maria acreditou, possa receber as graças que tanto necessita. Assim as crises se transformarão em oportunidades. E, mesmo no inverno, receberá rosas das mãos de Deus e de Maria, para que aquele que não crê possa ver e sentir as maravilhas de Deus. Em tempos de crise, a Igreja viverá o advento alvissareiro cantado pelo cantador nordestino Zé Vicente, em sua melodia *Na festa de meu povo*: "Vinho melhor foi guardado / Pra hora que já soou / Novo céu e nova terra / Primavera já chegou! / Na festa do meu povo / Há dor transformada em canto / Que brota de rios de pranto / E leva toda a nação! / Na força dos humilhados / Como semente escondida / Vencendo a morte, eis a vida / No canto do nosso chão!"

# 3

# Deus e a questão dos pobres

Teologia é pensar Deus e a vida à luz de Deus. O teólogo belga Adolphé Gesché (1928-2003) propôs um modo inédito de pensar a fé ao assumir o próprio Deus como chave essencial invertendo a equação: "Deus para pensar". Quero segui-lo em seu método teológico para enfrentar a candente questão dos pobres. Começo a dizer, de forma alegórica, que toda teologia é um mergulho centrípeto (para dentro) em Deus. Teologia é sempre uma "teo-flexão" interior, como uma inspiração de alguém que silencia diante do mistério. Mensagem e mensageiro sempre se interpenetram. Teologia fala calando para sentir o sopro suave do Espírito de Deus. Essa inflexão permite adentrar no mais íntimo de nós mesmos para compreender do que somos feitos e quem é aquele que fala ao nosso coração. Viemos de Deus e somos destinados para Ele. Esse é o nosso destino livre e assumido. É uma destinação genética, mas inédita a cada dia. Deus é a razão de nosso existir e força de nosso viver, na revelação da essência verdadeira de cada pessoa e do mundo criado pela mão de Deus. Somos mais se bebemos dele e se mergulhamos no oceano que chamamos Deus. Nele vivemos, movemo-nos e somos. Sem essa centralidade, aniquilamo-nos. A teologia exprime-se, portanto, com essa maturidade requerida pela inteligência humana quando se faz razão iluminada pela fé. Penetramos naquilo que nos faz ser o melhor de nós mesmos. Assim disse o santo bispo salvadorenho

Óscar Arnulfo Romero (1917-1980): "Nenhum homem se conhece enquanto não tenha se encontrado com Deus"[1].

Vale lembrar que todo movimento teológico é, ao mesmo tempo, aberto e generoso; assim, é preciso dizer que a força que nos faz ir para dentro é paradoxalmente a mesma força que nos lança para fora de nós mesmos, inspirados no Deus Trinitário que se autocomunica aos seres humanos fazendo-nos criaturas de barro e silhuetas divinas marcadas pelo selo do amor. O amor personalizado divino se oferece e se amplifica convidando à comunhão, pois é nessa comunhão eterna que brota toda a beleza, a bondade e a verdade. Precisamos, portanto, fazer uma teologia para dentro de nossa alma. E precisamos também fazer uma teologia para fora, em movimento centrífugo e fecundo. Esse movimento teologal comanda nosso agir, o pensar e a prática eclesial na direção do mais distante de nós mesmos para contemplar aquele que sofre e carrega sua cruz. O amor assume a dor do outro. Particularmente do outro que não é visto como pessoa, a quem chamamos de pobre, mas que é rico para Deus. Há aquele que pensa que é rico, mas que, "tendo perdido a esperança em um horizonte transcendente, perde também o gosto pela gratuidade, o gosto de fazer o bem pela simples beleza de fazê-lo"[2]. A teologia cristã é centrífuga em direção da cruz de Cristo e aos crucificados da história. Os empobrecidos são o horizonte maior e radical da busca sincera de Deus e um importante paradigma de julgamento da pertença à comunidade humana e instrumento crucial de alegria e teste da verdade da fé. Diz o cardeal Gerard Müller (1947-): "O próprio Senhor nos dá a instrução de comprometer-nos de maneira imediata com os pobres. A prática da verdade leva-nos para o lado dos pobres"[3]. No fluxo da história, é preciso que a Igreja, e os teólogos em particular, sejam como uma lua que reflita a única luz de Cristo. Iremos a Deus por razões antropológicas, assim como Ele veio a nós por razões teológicas! Melhor dito: vamos a Deus por essa sede infinita de divindade, e Deus vem a nós por seu amor eterno de humanidade!

## A causa dos pobres está no coração de Deus

As escrituras hebraicas pensam a pobreza e a riqueza como correlativas e opostas, normalmente em chave ética e moral. Mesmo que com essa leitura naturalizada dos pobres, os livros sagrados e os profetas têm simpatia para com os pobres e sua fidelidade ao Deus único e verdadeiro. São a reserva maior dos que amam Deus de verdade e sem interesses. Javé não os abandona (cf. Jó 5, 15; Sl 72[71],12-15). Os pobres são felizes se observarem os mandamentos, mas é sempre certo que seu clamor fura nuvens e chega ao Altíssimo. As escrituras cristãs assumem a nova aliança com os pobres na pessoa de Jesus de Nazaré como anúncio do Reino que exige opções e compromissos radicais. O Novo Testamento verá a relação entre Deus e os pobres de maneira nova e transformadora. Há uma simpatia imediata e efetiva pelos *ani* ou *anawin*, que, por estarem conscientes de sua insuficiência, esperam tudo de Deus e são cuidadores do Reino que irrompe na Terra. Jesus faz-se pobre entre os pobres. Ele chama os pobres de felizes e privilegiados do Reino de Deus, assumindo os pobres, as mulheres e as crianças como embaixadores da boa notícia. Anos depois, as cartas às Igrejas no livro do Apocalipse confirmam a prática de Jesus. Esmirna é uma Igreja pobre e por isso plenamente rica (cf. Ap 2,9) e Laodiceia é pobre porque é rica, morna e vomitável (cf. Ap 3,17). Será preciso ouvir o conselho e abandonar a frivolidade e a idolatria do dinheiro. A pobreza voluntária e feliz é uma realidade para ser livre. A austeridade e a simplicidade são o estilo de vida do verdadeiro cristão. A Igreja de jeito paulino fará da partilha dos pobres um novo modo de ser Igreja missionária: a Igreja leiga e pobre de Antioquia é quem faz sua coleta para a Igreja mãe de Jerusalém como óbolo da viúva que salva da miséria, pois já as viveu no corpo e na sua caminhada (cf. At 24,17). A Igreja perseguida que produziu o evangelho de Lucas é aquela que dará o testemunho mais eloquente de fidelidade ao Cristo Ressuscitado (cf. Lc 8,15). A fidelidade fundamental da Igreja sempre se realiza em sua conexão com a Palavra de Deus, coração de toda teologia. O sangue jorrado como sangue arterial vai recolhendo o sangue venoso para purificá-lo e oxigenar o povo de Deus. De novo, os movimentos centrípetos e centrífugos se completam. Essa fidelidade exige gestos concretos de sístole e diástole. Mandar o sangue bom e purificar o sangue ruim. A fé está sempre em busca de inteligibilidade e vive a conversão cotidiana. Essa busca em Igreja e sentindo com a Igreja o desafio da vida dos pobres nos levam a proclamar que Deus é a bem-aventurança, a bênção maior da humanidade. Assim dizia o frade dominicano Marie-Dominique Chenu (1895-1990): "Aquilo mesmo mediante o qual a teologia é ciência é aquilo pelo qual ela é mística". É por essa razão que um teólogo profissional é sempre um homem ou mulher mergulhado no mundo dos pequenos de forma espiritual e mística. Aqui, lembro alguns místicos teólogos do Brasil: Aloísio Lorscheider; Emanuel Bouzon; Fernando Bastos de Ávila; Gabriel Malagrida; Gilberto da Silva Gorgulho; Giuseppe Pegoraro; Guilherme Baraúna; Helder Pessoa Camara; Hermilo E. Pretto; João Batista Libânio; José Antônio Maria Ibiapina; José Comblin; Júlio Maria (Júlio Cesar de Moraes Carneiro); Luciano Pedro Mendes de Almeida; Milton Schwantes; Rubem Alves; Zilda Fernandes Ribeiro. Eles e elas realizaram em suas vidas o duplo movimento de entrar em comunhão com Deus e ir ao povo e de amar radicalmente os pobres como um sacramento teológico de seu amor preferencial a Deus. Fizeram a opção pelos pobres, depois de feita a primordial opção preferencial pelo Deus de Amor, Pai de Jesus.

A relação entre Deus e os pobres é umbilical e permanente. Assim podemos compreender uma frase lapidar de Santo Tomás de Aquino (1227-1274), o doutor angélico: "Para o teólogo que faz bem seu trabalho, o vinho não é enfraquecido com a água, é antes a água que se transforma em vinho". Ou, parafraseando Blaise Pascal (1623-1662), ousamos dizer: "Todas as teologias não valem um gesto autêntico de solidariedade com os pequeninos". Só é possível haver o gesto de amor sincero aos pobres e oprimidos se este for movido pela graça que age em nosso coração. Sem graça, toda desgraça permanece ou é manipulada. Na graça e pela graça, qualquer mal é transfigurado. O centrípeto faz-se centrífugo, e o centrífugo muda-se em interioridade junto ao amado que sempre nos ama por primeiro. Diz corretamente Santo Agostinho de Hipona (354-430): "Ama e faz o quiseres". Eis a chave de uma boa teologia e a prova dos nove de qualquer teólogo engajado. Ser um "teólogo de saída" é aquilo que pede e insiste a tempo e contratempo o nosso amado papa Francisco (1936-). É preciso sair dos muros seguros da teologia e das instituições religiosas, para com o coração abrasado por Deus buscar contemplar o rosto de Deus na face do pobre. Quem ama de verdade a Deus ama ao pequenino e ao esquecido. Quem assume o pobre como outro Cristo assume o que há de mais radical no cristianismo: o amor efetivo entre os humanos como revelação do Deus de amor. Assim ao lado dos pobres se faz teologia mística. Ao lado dos pobres, nascem os teólogos santos. Ao lado dos pobres, certamente se está ao lado de Deus. Uma Igreja pobre para os pobres pode curvar-se e assumir o sacramento da toalha, fazendo-se tão divina por ser assim tão humana. Como exemplifica Adolphé Geschè: "O cristianismo não pode dissociar a sorte de Deus e a do ser humano. É o que inscreveu a encarnação na história". François-René de Chateubriand (1768-1848), em *Os mártires*[4], narra o episódio de um pagão e de um cristão que encontram um pobre. Como o cristão doa seu manto, o pagão diz ao cristão: "Certamente você pensou que fosse um deus?" "Não", responde o cristão, "eu pensei que fosse um ser humano"[5]. No pobre e no pequenino, Deus faz a sua morada. A casa da teologia deve tornar-se esperança dos pobres. Só Deus basta!

# Notas

[1] ROMERO, O. *La voz de los sin voz*. San Salvador: UCA, 1980, p. 370.

[2] PAPA FRANCISCO. "Prefácio". In: *Pobre para os pobres* – A missão da Igreja. São Paulo: Paulinas, 2014, p. 6.

[3] GUTIERREZ, G. & MÜLLER, G.L. *Ao lado dos pobres* – A Teologia da Libertação é uma teologia da Igreja. São Paulo: Paulinas, 2014, p. 165.

[4] *Os mártires ou Triunfo da religião cristã*. Trad. Francisco Manoel do Nascimento. Coimbra: APPACDM, 2000, vol. 8.

[5] GESCHÉ, A. *Deus para pensar o Cristo*. São Paulo: Paulinas, 2004, p. 39.

# 4

# O mistério da encarnação de Deus

O Natal aproxima-se, e nossos corações anseiam em queimar no amor que se acenderá em nossas Igrejas. Nossos lábios entoarão o hino *Adeste Fideles* (música francesa do fim do século XVII) e ficaremos encantados com o mistério que nos será revelado: "Cristãos, vinde todos, com alegres cantos, Oh! Vinde, oh! Vinde até Belém. Vede nascido vosso Rei eterno. Oh! Vinde adoremos o Salvador!"

Encarnação é a bela festa do Deus nascido em Belém (a casa do pão), em noite de inverno. É uma festividade profetizada por Miqueias e Isaías e um mistério escondido no meio da noite, sendo um belo presente gratuito do Deus, que se oferece a si mesmo. Deus dá Deus. Nessa noite, um bebezinho olha o universo que foi por Ele criado com a ternura de quem assume nossas dores e vem viver como nós. A Palavra Eterna de Deus, o Filho Amado, gerado e consubstancial ao Pai quis tomar nossa carne e vida. Quis ser humano por amor e pela nossa salvação. Deus nasce pobre e desce à Terra para poder nos levar ao céu. A Igreja latina chama essa festa de *Festum Nativitatis Domini Nostri Jesu Christi*, ou, na forma resumida, *Dies Natalis Domini* (dia do nascimento de Deus). Encarnação é esse Dia do Natal com rosto de gente. É a celebração da vida de Deus entre nós. Natal encarnado no tempo e sempre aberto à eternidade. Natal-presença, mais que um Natal de presentes. Natal de graça, mais que Natal de compras. Natal-partilha, mais que Natal de lucros ou mercadorias. Natal-família, mais que um Natal de *shoppings*. Natal que é sempre um mistério.

O Filho gerado do Pai antes de todos os séculos nasce para nós e se faz humano no seio da Virgem Maria, vivendo nossa história e revelando o segredo de um Deus que quis ser um de nós para nos levar à plenitude divina.

Dizemos com fé: "E Ele se encarnou no seio de Maria. Deus de Deus, luz de luz, Deus verdadeiro de Deus verdadeiro. Gerado não criado. Este é o segredo do amor pleno. Quem ama se oferece aos outros e mostra seu rosto. Os anjos cantam a boa-nova da grande alegria e as crianças de todos os tempos a repercutem com seus sorrisos e suas esperanças: 'Glória a Deus no mais alto dos céus e paz na Terra aos homens e às mulheres de boa vontade'".

Nasce o Salvador em um ato de graça e amor. Ato de um Deus-Emanuel. Como diz o povo nordestino: "Deus mais nós". No seio de Maria, sua mãe, por obra do Espírito Santo, Ele irá viver e aprender na humilde oficina do carpinteiro José. É isto que celebramos: a salvação que Deus nos oferece pela encarnação de seu Filho. E rezamos na liturgia da Igreja: "Esta é a comemoração do nascimento do Senhor, em que celebramos a troca de dons entre o céu e a Terra, pedindo que possamos participar da divindade daquele que uniu ao Pai a nossa humanidade (Oração sobre as oferendas na missa da noite de Natal)".

A noite é símbolo de gestação, e o dia revela o Sol que é Jesus nascido pobre na manjedoura dos bois: "Quando o Sol aparecer no horizonte, contemplareis o Rei dos reis sair do Pai como o esposo de seu quarto nupcial". Nesse parto pouco asséptico, comparecem boi e jumento, anjos e serafins, pastores e pastoras, crianças e idosos, sábios e magos, estrelas e cometas, árvores e frutos silvestres, além do arcanjo Gabriel, de Ana e Joaquim, de José, o justo, e da bem-aventurada entre todas as mulheres, a Virgem Maria de Nazaré, escolhida para ser a Mãe de Deus.

Toda a Igreja canta jubilosa esse acontecimento único na história humana: "Humildes pastores deixam seus rebanhos, e alegres acorrem ao Rei do céu: Nós igualmente, cheios de alegria". Jesus é acolhido por pastores malcheirosos e desprezados, pelas mulheres parteiras do Eterno, por gente simples e analfabeta, que se tornam participantes de honra do parto humano-divino. Foram escolhidos não porque eram santos, mas porque, estando com Jesus, se tornariam filhos no Filho e santos com o Santo. Deus nos convida hoje para que sejamos os parteiros de novas esperanças. Defensores da vida e de toda a vida. Afinal, o presépio de Jesus não é um teatro de bonecos, nem caricatura falsificada de algo que não aconteceu. Deus fez-se humano de verdade sem nada perder de sua glória.

Muitos cristãos, nos cinco primeiros séculos, duvidaram disso. Uns disseram que o Filho de Deus não podia ser plenamente humano e propuseram duas heresias: o docetismo (Jesus seria humano só por aparência) e a gnose (Jesus seria um intermediário, nem humano, nem divino). Outros, temendo dizer que Jesus Cristo fosse plena e verdadeiramente Deus, fizeram surgir duas outras heresias: o adocionismo (Jesus seria só um homem adotado por Deus sem ser Deus) e o arianismo (Jesus seria só a mais elevada criatura humana sem ser Deus). Ainda houve um grupo de bispos e monges que negaram que Jesus de Nazaré pudesse ser plenamente homem e Deus. Surgiram, então, as heresias dos apolinaristas (o Verbo de Deus seria apenas a alma do ser humano Jesus), dos nestorianos (haveria duas pessoas distintas em Jesus: a divina e a humana) e dos monofisitas (haveria uma só natureza, pois a humana teria sido absorvida pela divina). Contra todas as heresias, a Igreja professa em seu Credo que Jesus é Deus e homem plenamente, sem confusão nem distinção, uma pessoa em duas naturezas. Na bela expressão de Santo Irineu de Lião, bispo martirizado no ano 200: "Ele se fez aquilo que nós somos".

O Natal é o momento e o lugar concreto para ver e tocar Deus. Para experimentar Deus. Para falar de Deus e com Deus. Assim podemos dizer que o presépio é um lugar de transparência e de um colóquio fecundo entre Deus e a humanidade. Nele experimentamos a grandeza do Eterno, ainda que entre as fraldas e na singeleza de um bebê. Nós, que nos sentimos autossuficientes e gigantes, somos tocados por um Deus que se faz pequenino e frágil. Um Deus que pede colo e que toca o nosso duro coração. No presépio enxergamos o nosso Redentor e vemos nossa verdadeira realidade de filhos. Sobre o feno deitado, sustentado pelo leite de sua mãe, vemos o rosto visível de um Deus invisível. Ao ver o Filho, vemos o Pai e sentimos o amor do Espírito. Pela razão e pelo coração.

Não havia lugar para Deus, mas a Virgem e São José encontraram um lugar para o parto, naquela que será a Noite Feliz: "Ó Jesus, Deus da luz, quão afável é teu coração, que quiseste nascer nosso irmão, e a nós todos salvar, e a nós todos salvar".

Não devemos fechar a porta para que Deus se aproxime e nos visite. Como disse o papa Bento XVI: "Deus não está distante de nós, não é desconhecido, enigmático ou perigoso. Deus está pertinho de nós. Tão perto que se faz criança e podemos tratá-lo de 'você' (18/12/2005)". E o teólogo Karl Rahner completou: "Deus é o sorriso que sobrevoa suave por cima de nossos choros". Os cristãos devem viver o Natal como a Festa da Luz. A luz que é Jesus, o Filho Único de Deus, que desce dos céus para alimentar a esperança na Terra. Viver essa singela experiência de pequenez e infância espiritual diante de um Deus que admira a prece balbuciada com o coração e com lágrimas nos olhos. Um Deus que ouve a prece daquele e daquela que crê no melhor que há em qualquer humano; a prece dos que creem na presença de Deus na Igreja, e, sobretudo, que crê naquele que manifesta em suas ações o amor, por isso vive nele. Poderemos encontrar aquele que se esconde por trás dos cantos e dos presentes natalinos, Jesus: eis o mistério; eis a revelação.

Espero que você possa ver esse milagre tão belo na Missa do Galo, celebrada em sua igreja. Não será difícil! Basta que você abra a porta para a criança que adormece rezando.

Assim declama Charles Péguy, em 1912, em seu poema "O mistério dos santos inocentes:

Nada é tão belo como uma criança
que adormece fazendo sua oração, diz Deus.
Eu vos digo que nada é tão belo no mundo.
No entanto, saibam todos que Eu vi
belas coisas pelo mundo, diz Deus.
Minha criação borbulha de belezas
e transborda de maravilhas.
Mas, diz Deus, nada de mais belo existe no mundo
que uma pequena criança
que adormece fazendo sua prece...
Ela mescla tudo e não compreende mais nada.
Captura palavras aleatórias do Pai-Nosso
e as mistura de maneira confusa
às palavras da Ave-Maria.
Enquanto isso um véu desce sobre suas pálpebras,
o véu da noite que encobre seu olhar e sua voz.
Diz Deus: Eu vi os maiores santos.
Mas Eu vos digo que jamais vi algo
de tão desconcertante
e por isso mesmo tão belo no mundo
que esta criança que adormece fazendo sua prece.

# 5

# Os quatro "emes": memória, martírio, misericórdia e mistério

A fé cristã navega por quatro mares imensos: memória, martírio, misericórdia e mistério. São como quatro "emes" que nos acalentam e desafiam. O primeiro "eme" é o da memória que nos conecta as origens, ao rito, aos que nos precederam na fé e no amor arquetípico por Deus Criador. O segundo "eme" é o martírio, ou seja, o testemunho de viver segundo o Evangelho de Jesus. O terceiro "eme" é o da misericórdia que conecta corações às dores e esperanças de todo ser humano que clama por liberdade. E, enfim, o quarto "eme" é o do mistério que tudo envolve e nos permite orar e contemplar a beleza da vida.

Esses quatro mares por onde navegamos com a força da Trindade Santa não exime cada um dos navegantes de enfrentar tempestades ou morrer para salvar a esperança frágil de companheiros de viagem. Um dos livros litúrgicos da Igreja Católica em que se incluem os nomes, datas e histórias de mártires deveria ser o parceiro diário de todo presbítero, religiosa, leigo ou bispo. Fazendo par com o livro da Liturgia das Horas, possamos ler o *Martirológio romano*, publicado recentemente em língua portuguesa[1].

A América Latina sofreu, entre os anos de 1960 e 2000, um grave enfrentamento entre os justos e os opressores que promoviam a exploração de dezenas de povos e nações. Esse grande conflito, até hoje, não foi superado, apesar das sementes da verdade e da entrega de tantas vidas em favor da paz. Um sistema ideológico foi organizado para perseguir os pobres, as Igrejas cristãs progressistas e os profetas que não se calavam diante da injustiça e enfrentavam a violência. O nome da doença é ISN (Ideologia de Segurança Nacional), produtora de ditaduras, perseguição e dor na América Latina e no Caribe. Seus efeitos nefastos incluíam assassinatos frequentes, tortura como ferramenta do terrorismo do Estado, difamação contra bispos e padres profetas e prisões ilegais com o fito de calar a voz das Igrejas e de cada cristão comprometido com o Evangelho de Nosso Senhor Jesus Cristo.

Esse sistema patológico organizou algumas ditaduras cívico-militares, que negavam a dignidade humana, calaram a imprensa e reduziram a cidadania ativa ao silêncio, apresentando-se como um novo absoluto contra o Deus da vida. A Igreja reviveu os tempos das catacumbas e da antiga perseguição dos Césares romanos. Os cristãos professavam a fé negando esse ídolo de barro e deram suas vidas como um hino de louvor ao único Deus vivo e verdadeiro. Disseram não aos deuses "encobertos" e disfarçados muitas vezes sob um falso manto religioso. Quem desnudava esse sistema ateu era caluniado e perseguido como comunista, esquerdista, manipulador ou ateu. Um luminar desse tempo de testemunho e memória foi o arcebispo de San Salvador, o beato dom Oscar Arnulfo Romero (1917-1980). Ele dizia que é preciso decidir: ficar ao lado de Jesus e dos pobres ou escolher o lado de Pilatos? Ficar ao lado dos verdugos ou assumir a dor e o grito das vítimas?

Seu teólogo pessoal de tantos escritos foi o padre jesuíta Jon Sobrino (1938-), que afirma: "Ídolos são realidades existentes, que oferecem aparente salvação, exigem um culto e uma ortodoxia, mas efetivamente desumanizam àqueles que lhes rendem culto, e, pior, necessitam de vítimas humanas para subsistir"[2].

Para que o barco da Igreja possa continuar fiel a sua missão, é preciso assumir a memória dos mártires para viver a misericórdia e ouvir a voz do Mistério de Deus. Assim dizia São João Paulo II (1920-2005), em uma carta memorável: "A Igreja encontrou sempre, nos seus mártires, uma semente de vida. '*Sanguis martyrum, semen christianorum*' esta célebre 'lei' enunciada por Tertuliano, sujeita à prova da história, sempre se mostrou verdadeira. Por que não haveria de o ser também no século e milénio que estamos a começar? Talvez estivéssemos um pouco habituados a ver os mártires de longe, como se se tratasse duma categoria do passado associada especialmente com os primeiros séculos da Era Cristã. A comemoração jubilar descerrou-nos um cenário surpreendente, mostrando o nosso tempo particularmente rico de testemunhas, que souberam, ora dum modo ora doutro, viver o Evangelho em situações de hostilidade e perseguição até darem muitas vezes a prova suprema do sangue"[3].

Esse mesmo papa polonês citava frase de Tertuliano, no clássico *Apologeticum*, cap. 50,13: "O sangue dos mártires é sementeira de novos cristãos"[4]. Do sangue derramado, nascem novas Igrejas e comunidades. Não há cristianismo sem cruz e sem conflito.

Assim como em muitos mitos se narram luta de deuses, podemos metaforicamente afirmar que há uma luta entre os crentes no Deus da vida e aqueles ideólogos de exércitos e elites que manipulam pessoas e ofertam os pobres, os imigrantes, os explorados como bodes expiatórios no novo holocausto da modernidade. Basta uma leitura acurada dos discursos, particularmente dos generais nas ditaduras da Argentina, do Brasil, do Chile, de El Salvador, de Honduras, da Guatemala e do Uruguai, para comprovar a existência do mistério da iniquidade. Ser cristão foi e ainda é perigoso. Alguns padres visitavam os presos políticos nas masmorras da ditadura e em lugares de tortura, correndo o risco de serem eles mesmos desaparecidos e torturados pelos regimes de exceção. No Brasil, recordo a coragem firme do padre italiano Renzo Rossi[5]. Muitos cristãos não conseguem sequer compreender a dimensão imensa dessa luta e dessa oferta não violenta do Evangelho de Jesus. Perdem-se em coisas superficiais e secundárias e não penetram o cerne da fé que é testemunho integral. Esquecem-se da misericórdia ativa e dos gestos concretos de amor. Falam e não fazem.

Houve e ainda há um confronto entre os que defendem a vida dos pobres e, os crentes nessa outra "religião" dos que vivem do sangue dos pobres ofertados no altar da injustiça. A agência de notícias Fides publica mensalmente a lista dos novos mártires do século XXI[6]. Seguir a Jesus e proclamá-lo libertador dos crucificados nesses últimos anos de nossa história tornaram-se uma celebração permanente de martírios e grito de esperança na ressurreição de tantos crucificados. E um desafio imenso para que os cristãos proclamem o mistério de Deus na história das pessoas que sofrem e são excluídas das cidades.

Todas as testemunhas vivas do Evangelho são como que sementes humanas e a Palavra de Deus é aquele leite materno que as alimenta em um viver marcado pela cruz e perseguição. Eis a síntese do teólogo belga José Comblin (1923-2011): "Outro fruto de Medellín foram os mártires da Igreja latino-americana. Foram bispos, monsenhor Enrique Angelelli, de La Rioja (Argentina), monsenhor G. Valencia, de Buenaventura (Colômbia), dezenas de sacerdotes, religiosas, e milhares de leigos comprometidos nos movimentos ou nas Comunidades Cristãs de Base. A linha conservadora nunca quis reconhecer os mártires, nem sequer dom Óscar Romero, cujo sucessor diz que não pode ser beatificado, pois, por causa dele, muitos foram mortos; como se milhões não tivessem sido mortos por causa de Jesus Cristo. No entanto, na Igreja dos pobres, os mártires estão sempre presentes, sempre lembrados e celebrados. Podemos dizer que os mártires são o grande sinal de contradição na Igreja latino-americana. Realizam a profecia de Simeão relativa a Jesus: Jesus foi sinal de contradição porque o mataram. Sua morte foi escândalo para muitos, a maioria, mas sinal de vida para os que tiveram fé. Animada pelos mártires surgiu a Igreja da resistência aos governos militares: sobretudo no Chile, no Brasil, e também na América Central, sobretudo na Guatemala, na Nicarágua e em El Salvador. Houve também fragmentos de resistência no Uruguai, no Paraguai e no Equador. Muitos foram perseguidos, presos e exilados. Naquele tempo, a Igreja dos pobres foi também a Igreja da resistência"[7].

Enquanto cristãos eram perseguidos por governos autoritários de direita na América Latina no Leste Europeu e entre os povos eslavos que procuraram destruir a fé cristã foram regimes ateus de esquerda capitaneados por Joseph Stalin (1878-1953) e Mao Tsé-Tung (1893-1976). Depois que governos de países cristãos massacrassem seis milhões de irmãos judeus em um crime de lesa-humanidade com apoio muitas vezes explícito desse extermínio de bispos e padres nazistas, sabemos que muitos pastores e bispos resistiram ao fascismo de forma audaciosa. Entres esses homens exemplares, devo destacar o pastor luterano Dietrich Bonhoeffer (1906-1945), que produziu uma "teologia da Igreja confessante e fiel a Cristo"[8].

Fazer memória de cada um dos irmãos e irmãs tombados por seus irmãos e pela fé cristã é obrigação litúrgica e ética. Celebrar as vidas ceifadas impede que possamos cair em esquecimento pecaminoso. Sem memória tudo se banaliza e o mal extremo se torna idolátrico. Contra o Ídolo que banaliza o mal, só podemos usar o antídoto da liberdade pessoal e da fé cristã libertadora. Este foi o programa do Concílio Vaticano II (1962-1965), que ampliou horizontes pensando no ser humano como irmão de todos e todas sem exceção. Horizontes que só o Deus vivo pode oferecer. Essa a confiança do deuteronomista: "Deus que extermina do meio de ti os que seguem o ídolo de Fegor; mas vós, que vos apegastes ao Senhor vosso Deus, estais todos hoje com vida" (Dt 4,3-4).

Celebrar cada um dos irmãos e irmãs martirizados em nosso país é conhecer suas vidas, seus rostos e o contexto de sua morte cruenta. "Muitos foram mortos porque eram advogados dos pobres, dos indígenas e dos camponeses"[9]. Morreram por ficar ao lado dos últimos da sociedade capitalista. Deram a vida por aqueles que alguns opressores queriam mortos. Ao defender a vida, pagaram o preço da morte. Morreram por Cristo, em Cristo, para viver plenamente com Cristo.

Apresento uma seleção de nomes de mártires da Igreja Católica no Brasil com a data de sua entrega ao Reino de Deus quando fecundaram a terra brasileira com o próprio sangue derramado. São esses irmãos de fé que morreram pela causa do pobre seguindo Jesus e seu Evangelho: Margarida Maria Alves; leiga; 12 de agosto de 1983. Marçal de Souza Tupã-i; leigo indígena; 25 de novembro de 1983. Irmã missionária Dorothy Mae Stang; Irmãs de Nossa Senhora de Namur; 12 de fevereiro de 2005. Galdino Jesus dos Santos; leigo indígena; 21 de abril de 1997. Padre italiano Ezequiel Ramin; Missionários Combonianos; 24 de julho de 1985. Vilmar José de Castro; leigo; 23 de outubro de 1986. Raimundo Ferreira Lima, o Gringo; leigo; 29 de maio de 1980. Roseli Correa da Silva; leiga; 31 de março de 1987. Frei Tito de Alencar Lima; frade da Ordem dos Pregadores, OP; 12 de agosto de 1974. Padre Josimo Moraes Tavares; sacerdote diocesano; 10 de maio de 1986. João Ventinha; leigo; 23 de outubro de 1987. Irmã Cleusa Carolina Rody Coelho; Missionárias Agostinianas Recoletas; 28 de abril de 1985. Irmã Adelaide Molinari; Filhas do Amor Divino; 14 de abril de 1985. Padre Rodolfo Lunkenbein, sacerdote salesiano; 15 de julho de 1976. Índio e catequista Simão Bororo; 15 de julho de 1976. Dorcelina de Oliveira Folador; 30 de outubro de 1999. Irmã Maria Filomena Lopes Filha; Franciscanas da Imaculada Conceição; 7 de junho de 1990. Francisco Domingo Ramos; leigo; 5 de fevereiro de 1988. Padre Antônio Henrique Pereira Neto; sacerdote diocesano; 26 de maio de 1969. Padre João Bosco Penido Burnier, SJ, sacerdote jesuíta; 12 de outubro de 1976. Padre Manuel Campo Ruiz; sacerdote marianista; 18 de dezembro de 1992. João Canuto; leigo; 18 de dezembro de 1985. Expedito Ribeiro de Souza; leigo; 2 de fevereiro de 1991. Eugenio Lyra Silva; leigo; advogado cristão; 22 de setembro de 1977. Eloy Ferreira da Silva; leigo; 16 de dezembro de 1984. Franz de Castro Holzwarth; leigo; advogado; 14 de fevereiro de 1981. Padre Mauricio Maraglio; missionário italiano; 20 de outubro de 1986. Alexandre Vannucchi Leme; militante estudantil e leigo cristão; 17 de março de 1973. Santo Dias da Silva; leigo, ministro da Eucaristia e líder sindical; 30 de outubro de 1979. Sebastião Rosa Paz; leigo, líder sindical e cantor popular; 29 de agosto de 1984. Padre missionário Gabriel Félix Maire; sacerdote francês diocesano; 23 de dezembro de 1989. Francisco (Chico) Mendes; leigo e líder ecologista; 22 de dezembro de 1988. Irmão religioso jesuíta Vicente Cañas; 16 de maio de 1987.

Os quatro mares da fé são mantidos vivos pelas correntezas subaquáticas e pelas marés para que a vida floresça. Uma das mais belas correntes marítimas subterrâneas é a do testemunho, que os gregos denominavam por martírio. É esse "eme" de martírio aquele que garante o encontro com o Deus vivo e não o estar diante de ídolos assassinos, pois como diz dom Pedro Casaldáliga (1928-2020), bispo e poeta, no poema "Equívocos": "Onde tu dizes lei, eu digo Deus. Onde tu dizes paz, justiça, amor, eu digo Deus! Onde tu dizes Deus, eu digo liberdade, Justiça, Amor!"[10]

## Notas

[1] CONFERÊNCIA EPISCOPAL PORTUGUESA. *Martirológio romano*. Fátima: Secretariado Nacional de Liturgia, 2013, 780 p.

[2] SOBRINO, J. "Una teologia del martírio". *Cambio Social y pensamiento cristiano en America Latina*. Madri: Trotta, 1993, p. 117.

[3] *Apostolic Letter Novo Millenio Ineunte:* at the close of the Great Jubilee of the Year 2000. Vatican, jan./2001, n. 41 [Disponível em http://w2.vatican.va/content/john-paul-ii/en/apost_letters/2001/documents/hf_jp-ii_apl_20010106_novo-millennio-ineunte.html – Acesso em mar./2016].

[4] TERTULLIANUS. *Patrologia Latina* (PL 1), n. 534, 1844.

[5] JOSE, E. *As asas invisíveis do padre Renzo*. São Paulo: Casa Amarela, 2002.

[6] Disponível em http://www.fides.org/pt/missionaries/34463-last

[7] COMBLIN, J. "Puebla: vinte anos depois". In: *Revista Perspectiva Teológica*, n. 31, 1999, p. 208-209.

[8] BONHOEFFER, D. *Resistência e submissão*, 2. ed. Rio de Janeiro/Porto Alegre: Paz e Terra/Sinodal, 1980.

[9] VV.AA. *Y-Juca-Pirama* – O *índio*: aquele que deve morrer. Brasília: Cimi, 1973 [Mimeo].

[10] CASALDÁLIGA, P. *Creio na justiça e na esperança*. 2. ed. Rio de Janeiro: Civilização Brasileira, 1978.

# 6
# Cheiro de ovelhas

O papa Francisco (1936-) logo ao assumir a sede da diocese de Roma em março de 2013, surpreendeu com esta pregação: "O sacerdote, que sai pouco de si mesmo, que unge pouco – não digo 'nada', porque, graças a Deus, o povo nos rouba a unção –, perde o melhor do nosso povo, aquilo que é capaz de ativar a parte mais profunda do seu coração presbiteral. Quem não sai de si mesmo, em vez de ser mediador, torna-se pouco a pouco um intermediário, um gestor. A diferença é bem conhecida de todos: o intermediário e o gestor 'já receberam a sua recompensa'. É que, não colocando em jogo a pele e o próprio coração, não recebem aquele agradecimento carinhoso que nasce do coração; e daqui deriva precisamente a insatisfação de alguns, que acabam por viver tristes, padres tristes, e transformados em uma espécie de colecionadores de antiguidades ou então de novidades, em vez de serem pastores com o 'cheiro das ovelhas' – isto vo-lo peço: sede pastores com o 'cheiro das ovelhas', que se sinta este –, serem pastores no meio do seu rebanho e pescadores de homens. É verdade que a chamada crise de identidade sacerdotal nos ameaça a todos e vem juntar-se a uma crise de civilização; mas, se soubermos quebrar a sua onda, poderemos fazer-nos ao largo no nome do Senhor e lançar as redes. É um bem que a própria realidade nos faça ir para onde, aquilo que somos por graça, apareça claramente como pura graça, ou seja, para este mar que é o mundo atual onde vale só a unção – não a função – e se revelam fecundas unicamente as redes lançadas no nome daquele em quem pusemos a nossa confiança: Jesus"[1].

Em poucas linhas, o pontífice traçou o perfil do sacerdote do século XXI. Poderíamos mesmo dizer que esboçou uma bonita silhueta do cristão que precisamos ser e testemunhar. Começou fazendo a metáfora bela e antiga com o óleo santo. Sabemos que cristão é um adjetivo surgido do vocabulário grego (*Christós*), que significa: "ungido com óleo". Ou seja, todos os que pertencem a Cristo são tal qual um óleo perfumado de Cristo. E o papa Francisco disse que esta unção não é nossa propriedade, mas um santo bálsamo que deve ser espalhado no corpo da Igreja para que viva bem sua missão. Se não o fizermos por vocação, o próprio povo nos arranca o óleo por "roubo". Essa dádiva ofertada pelos sacerdotes ao povo é fecunda e promissora. Ativa o que há de melhor no padre e no povo. Cria um laço profundo entre os batizados e penetra no íntimo da vida espiritual de cada ministro da Igreja. Um padre ungido conhece os fiéis por nome e história de vida. E os ouve e consola nas dores. E é pelo povo consolado quando ele se sente frágil e enfermo.

Depois, o pontífice segue falando que um padre deve ser mediador, não funcionário ou gestor. Padres empresários, funcionários e profissionais do sagrado deturpam o que há de fundamental na missão presbiteral: ser animador e cuidador do povo que lhe foi confiado para celebrar a palavra e a Eucaristia na vida das pessoas. Este talvez seja o maior desvio da conduta sacerdotal que permite pecados maiores: pensar-se e agir como um funcionário, não um pastor. Estudiosos importantes fizeram importantes recomendações para evitar tal equívoco. Lembro-me de três deles: Santo Antônio de Pádua e Lisboa (1191-1231), Santo Inácio de Loyola (1491-1556) e o padre alemão Eugen Drewermann (1940-). O papa Francisco vai mais longe que os sacerdotes citados, pois diz que, se os padres não colocarem "em jogo a pele e o próprio coração, não recebem aquele agradecimento carinhoso que nasce do coração". Colocar a pele, a carne, a vida e o coração em tudo o que faz e não fazer simplesmente em um ativismo feroz e sem sentido conduz à inércia e, sobretudo, ao vazio de profecia. É não fazer a casa paroquial tornar-se um esconderijo impenetrável.

O papa Francisco continua desenhando um traço lindo de padre em que o egoísmo e vida sacerdotal não se coadunam e em que a alegria se torna a marca registrada do padre católico. A felicidade volta a ser o oitavo sacramento. A bem-aventurança de Jesus faz-se chave da vida presbiteral: a alegria naquilo que se é e em tudo que celebra e vive com as pessoas. Não pode haver um padre triste nem um triste padre. Isto seria uma contradição com a própria decisão original. Ser para os outros e irmão dos outros. E padres tristes, melancólicos, ou depressivos são "transformados em uma espécie de colecionadores de antiguidades ou então de novidades". Os colecionadores de antiguidades refugiam-se em uma igreja-museu e vivem de ritos e encontros tautológicos e repetitivos. Falam de tradição, mas são prisioneiros de palavras, rubricas e vestimentas fora de época. Mostram por fora as sombras que trazem dentro do peito. São sombras obscurecidas da alegria da missa de ordenação. Parecem robotizados e chatos. Reclamam de tudo, criticam tudo, azedam tudo, inclusive a si mesmos. Muitos terminam com graves úlceras, gastrites e melancolia regada a álcool e *hobbies* infantis. Outros querem tanto o novo e estar na moda que transmutam sua identidade em ouro falso e de tolo. São modernos e "descolados", mas superficiais e panfletários. Alguns muitos de direita e outros tantos de esquerda. A ideologia é só mais uma grife. Vivem de roupas, construções e reconstruções, filigranas, perfumes, carros e assistindo a vídeos ou viciados na internet, em que têm milhares de amigos no Facebook, mas nenhum amigo de fato entre os colegas sacerdotes. O contágio de sua tristeza os faz enfermos e carentes. Gritam por Deus do fundo da alma, mas nem eles mesmos escutam a Palavra que pode salvá-los e que está ao alcance de suas mãos. A boca fala do que o coração não mais vive. Buscam a felicidade com ansiedade e muitas vezes tornam-se depressivos e solitários. O testemunho pascal não "se efetivará sem que combatamos a amargura e o desalento em nós mesmos"[2].

Diante deste quadro, o papa Francisco propõe um caminho árduo, evangélico e realizável, plantado na comunhão com amigos de verdade. Ele chama aos sacerdotes a "serem pastores com o 'cheiro das ovelhas': isto vo-lo peço: sede pastores com o 'cheiro das ovelhas', que se sinta este, serem pastores no meio do seu rebanho e pescadores de homens".

O que é um pastor com cheiro de ovelhas? É alguém com inspiração e o fogo de Deus dentro do coração. Alguém que sabe, crê, vive e proclama que o Ressuscitado está entre nós e dentro de cada um de nós. É alguém como o padre Cícero Romão Batista (1844-1934), sacerdote risonho, simpático, amável, dotado de uma simplicidade encantadora, amigo meigo e dócil, conhecendo a todos pelo nome.

É alguém que trata cada paroquiano ou leigo como se fosse o próprio Cristo e que, ao encontrar um pobre, pergunta qual é o nome dele, como está sua vida, onde mora e se já tomou um café hoje. Se este disser que ainda não comeu nada nesse dia, este padre com cheiro de ovelhas irá com ele até a padaria mais próxima e tomará alegremente um café com ele, fazendo o ágape da Igreja. E, ao final desse encontro fraterno, dá-lhe uma bênção, um abraço e o endereço da comunidade paroquial para continuar o diálogo. Ou seja, ele precisa perder tempo com os mais pobres e fazer deles sua agenda principal.

É alguém que prepara suas homilias com alegria e serenidade, procurando fazer para si mesmo a *Lectio Divina*. O primeiro terreno onde a Palavra que é Jesus deve ser plantada é o coração do próprio sacerdote que faz a pregação. Assim o sacerdote torna-se ponto de atração para o mistério de Cristo e a missão. Esse cheiro das ovelhas e do pastor se mescla no aroma suave de esperança cristã. O padre sabe que não pode privar ninguém da esmola da Palavra.

É alguém que vive movido à Eucaristia. Ela é o centro de sua vida e o momento alto de seu dia a dia. Cada missa é, para um padre pastor, a primeira de todas, é também a última de sua vida e a única que ele celebra. O aroma eucarístico é tão suave, tão complexo e tão belo que já entramos na eternidade dentro do tempo. São Bento de Núrsia (480-547) sempre recomendava aos monges que levassem outros com eles. Que cada monge fosse companheiro no caminho que conduz a Deus. Ninguém pode ir para Ele sozinho.

Enfim, o papa Francisco pede que os sacerdotes mergulhem no "mar que é o mundo atual onde vale só a unção, não a função" e que andem em direção das periferias humanas e urbanas. Esse é o antídoto eficaz contra o ensimesmar-se patológico do poder e da função. O padre é um servidor da humanidade, não alguém colocado em um cume acima dos demais. A melhor forma de exercer autoridade é aplicar-se em fazer dela um serviço, recusando os abusos do poder e de tantos "micropoderes ou microprincipados". O único poder que pode exercer é contra os lobos que tiram a vida e a esperança das ovelhas. O poder de um zelador dos outros, das criaturas de Deus e da natureza. Um padre ungido é alguém que conhece o valor da liberdade e a exigência da santidade. E por eles é capaz de amar a igreja em uma simbiose de vida coerente e simples, sem nenhuma ostentação. Casa simples, vida frugal e mística profunda. Sabedor de que "a cruz não é um fim em si. Ela surge e indica o caminho do alto", como dizia Santa Edith Stein (1891-1942).

Muitos podem crer que tal personagem não existe e seria impossível encontrá-lo, mas conhecemos a muitos que sabem "em quem pusemos a nossa confiança: Jesus!" Indico algumas biografias de sacerdotes com cheiro de ovelhas e amigos de Jesus, para que tenhamos forte inspiração para cultivar estas virtudes reais e humanas. São eles: padre jesuíta Anthony de Mello (1931-1987), Santo Antônio de Pádua e Lisboa, dom Antônio Fragoso (1920-2006), frei Bartolomeu de las Casas (1474-1566), São Boaventura de Bagnoregio (1217-1274), São Domingos de Gusmão (1170-1221), padre Gabriel Galache, dom Helder Pessoa Camara (1909-1999), padre José Comblin (1923-2011), dom José Lamartine Soares (1927-1985), dom Luciano Mendes de Almeida (1930-2006) e dom Manuel Larraín (1900-1966). Entre os sacerdotes vivos e profetas, estão: dom Edson Tasquetto Damian (1948-), frei Gustavo Gutierrez (1928-), dom José Maria Pires (1919-2017), padre chileno Mariano Puga (1931-2020), cardeal dom Paulo Evaristo Arns (1921-2016), padre Sidinei Lang (1950-) e dom Waldyr Calheiros Novaes (1923-2013). Homens de Deus inseridos nos pobres; homens pobres, sinais de Deus. Foram do centro para a margem e insistiram na dimensão humana do Evangelho. Ser padre assim é um sacramento do Reino de Deus: pastor com cheiro de ovelhas do único pastor. "O Senhor é meu pastor, nada me faltará" (Sl 22[23],2).

## Notas

[1] *Santa Missa Crismal – Homilia do Santo Padre Francisco*. Basílica Vaticana. Quinta-feira Santa, 28 de março de 2013.

[2] GUTIÉRREZ, G. *Beber no próprio poço* – Itinerário espiritual de um povo. Petrópolis: Vozes, 1984.

# 7
# Religiosas lapidadas no amor

O Espírito Santo convida todos os seres a viverem o amor de Deus, cada qual a seu modo. Algumas pessoas são vocacionadas por Deus para uma consagração total. Ele chama pessoas para ouvirem os clamores dos pobres e fazerem uma aliança de vida com quem sofre. Essas respostas humanas se organizaram em comunidades carismáticas de vida consagrada que nascem e morrem ao sabor do tempo. As crises e os renascimentos são os modos concretos de atender ao chamado divino. Não há fórmulas eternas nem rígidas. O sopro carismático acontece no provisório e exigirá discernimento a cada novo bloco histórico emergente. Responder a Deus na situação histórica é o desafio mais difícil. Fácil seria submeter-se às burocracias ou a modelos obsoletos. A vida consagrada é um terreno fértil para a profecia, mesclada de conflito. Exemplos na história da Igreja deixam isso claro. É preciso burilar as instituições para que sejam fiéis e dóceis ao Espírito Santo. A cultura exige novo estilo de evangelizar. A vida religiosa consagrada surgiu nos primeiros anos do século IV. Não consta dos textos evangélicos, nem fez parte do modo de organizar as primeiras comunidades. A boa-nova de Cristo, entretanto, convida alguns à renúncia radical para anunciar o Reino de Deus. A vida religiosa nasceu do sopro divino na Igreja, após os trezentos anos da perseguição imperial romana. As mudanças na vida secular exigiam uma nova forma de consagração a

Deus expressa em comunidades de monges e monjas. A vida monacal será seguida de mendicantes e, enfim, pelos consagrados. As famílias religiosas assumirão uma carta de princípios, feita Regra de Vida. Há registros de três regras primordiais: a de Santo Agostinho de Hipona (354-430), a de São Pacômio (292-348) e, enfim, a obra-prima de São Bento de Núrsia (480-543). Houve nascimentos e mortes institucionais desde o início. Das 37 fundações organizadas antes do ano 1000, duas subsistem em nossos dias: beneditinos e agostinianos. Das 152 ordens ou congregações masculinas surgidas antes do século XIX, desapareceram 98. No século das missões, a primeira congregação missionária foi a Sociedade dos Sagrados Corações, erigida em 1800. Na França, o número passou de dez mil mulheres consagradas no começo do século XIX, para 130 mil, no século XX, vindas do celeiro do mundo rural. O dilema foi separar a empreitada econômica e política da colonização da evangelização dos povos. O domínio europeu impôs-se sobre outras culturas pelo paternalismo que pensou o laicato e aos evangelizados como crianças a comandar e proteger. A emergência de dezenas de congregações nos séculos XIX e XX vive hoje crise profunda. O tempo rural findou. Urge gestar religiosos com perfil urbano.

Em 1968, o *Documento de Medellín* professava a urgência de um novo jeito de ser religiosa na América Latina. Na ocasião, os bispos católicos escreveram: "O religioso deve encarnar-se no mundo real, e hoje com maior audácia que em outros tempos: não podendo alhear-se dos problemas sociais, do sentido democrático, da mentalidade pluralista etc., dos homens que vivem a seu lado" (12, n. 3)[1]. Posteriormente, o texto continua: "Algumas vezes a separação entre a vida religiosa e o mundo é interpretada equivocamente e há comunidades que mantêm ou criam barreiras artificiais, esquecendo-se de que a vida comunitária deve abrir-se para o ambiente humano que a cerca, a fim de irradiar a caridade e abranger todos os valores humanos"(12, n. 8)[2].

**Crise e vigor da vida religiosa consagrada**

Atualmente, os institutos masculinos de vida consagrada (ordens e congregações) e as sociedades de vida apostólica totalizam 883. As femininas são perto de 1.500 instituições. Existem 102 conferências nacionais de religiosos, e a brasileira é a Conferência dos Religiosos do Brasil (CRB), nascida em 1954. Os quatro institutos masculinos mais numerosos são: jesuítas, com 17.287 membros; salesianos, com 15.536; franciscanos menores, com 14.043, e os frades capuchinhos, com 10.659 consagrados. As quatro femininas são: salesianas, com 13.454 irmãs; carmelitas calçadas, com 8.988; clarissas, com 7.145, e claretianas, com 6.784 consagradas. Atualmente, os religiosos totalizam 190.066 membros (padres, 134.752, e irmãos, 55.314); vale citar que, em 2004, eram 195.425 membros, encolhendo em cinco mil membros. Na atualidade, as religiosas são 702.529 irmãs, mas em 2004 eram 809.351 mulheres, reduzindo 107 mil em dez anos. Muitos atribuem a crise ao secularismo vigente, aos regimes ateus que suprimiram igrejas e, sobretudo, à pós-modernidade estéril. A crise não é só cultural, mas também do formato cristalizado de muitas instituições. O Evangelho não pode se encarnar no século XXI repetindo padrões do século XIX. Congregações e ordens precisarão discernir os sinais dos novos tempos e encarnar-se de forma inédita. A atualização da intuição original será a chave-mestra da nova espiritualidade engajada no aqui e agora. E ainda pelo surgimento de novos carismas.

**As causas profundas da crise**

A questão de fundo não é quantitativa, mas possui raízes culturais e institucionais. Há dez pecados que estão sufocando o antigo modelo de vida religiosa e exigindo um novo modo de ser que cultive respostas adequadas de jovens convidados pelo Espírito a consagrar suas vidas totalmente a Deus. Existem falhas individuais e psicológicas de muitos candidatos, mas há falhas impessoais ou institucionais. Tais falhas sem rosto são sistêmicas e exigirão respostas lúcidas e estruturais para o novo tempo de Deus:

*1) Dificuldades de viver em comunidade.* Cria-se um ambiente de frieza ou de escassez afetiva por falta de diálogo aberto. Vive-se resmungando, alimentando gastrites pessoais e institucionais. A vida comunitária torna-se um peso, pois a autoridade é vista como imposição e não relação que faça brotar o melhor de cada um na comunidade. Nega-se a divergência saudável, resultando em relaxamento ou silêncio obsequioso. Quem diverge é relegado ao ostracismo. Entretanto, o papa Francisco (1936-) diz: "Religiosos e religiosas devem ser peritos em comunhão"[3]. De modo concreto no meio dos pobres.

*2) Excessivo temor aos homens nas congregações femininas e medo das mulheres nas congregações masculinas.* Algumas pessoas infantilizadas cultivam em seu interior androfobia (aversão ao sexo masculino), ginofobia (medo doentio ou aversão patológica às mulheres) e misoginia (aversão a tudo o que é relacionado ao feminino e às mulheres). O outro sexo é visto, por alguns, como um demônio; imunizados desse perigoso "outro", em lugar de guardar, perde-se o dom da castidade, pois este reside no eu interior maduro, gestado "no" e "pelo" amor oblativo. Expertos em amar comunidades e povos inteiros que clamam por amor em meio a guerras e violências.

*3) Falta de maturidade – Ciúmes por alguém ter mais afinidade com outro ou por um dom que se sobressaia entre os demais.* Ser atingido pela "Síndrome de Peter Pan": adolescentes eternos, mimados e cuidados por pais ou mães da instituição religiosa, particularmente em nível econômico.

*4) Mentalidade inflexível – Fazer tudo do jeito dos pioneiros, congelando o passado e negando o presente.* Cristalizar formas de vida religiosa. Há um medo imenso de mudar, para não perder uma "essência fundacional" gravada em constituições e normas.

*5) Formação como adestramento e não uma educação libertadora.* Confunde-se modelo cultural com carisma e a formação é pré-moldada em padrões eurocêntricos, incapazes de assumir projetos inéditos. O formato militarizado suprime o familiar e o vertical sufoca o carismático. Produzem funcionários e pessoas submissas, não pessoas obedientes. Necessita-se da educação como prática da liberdade, no estilo do educador Paulo Freire (1921-1997).

*6) Formandos tratados de maneira inferior aos de votos perpétuos.* Impedir amizades; não poder opinar sobre as decisões da própria comunidade; não poder falar se algo está errado, pois são "apenas formandos" ou "a vez de vocês vai chegar quando fizerem os votos". Sobre isso, diz o padre Alfredo J. Gonçalves: "A verdadeira obediência fundamenta-se no diálogo aberto, franco e transparente em meio a pessoas vivas portadoras de medos e dúvidas, incertezas e contradições, dores e temores. Nesta perspectiva, obediência representa o outro lado da liberdade. Quando o 'voto de obediência' não é entendido dessa forma, facilmente o fato de calar-se, de omitir a própria opinião, se converte em mutismo"[4].

*7) Desvalorização do projeto de vida pessoal dos membros.* Hipervalorização predominante do projeto funcional e institucional da ordem ou congregação. As respostas que a sociedade exige dos religiosos nem sempre encontram ressonância nas congregações religiosas e em um modelo de Igreja autocentrada.

*8) A missão é reduzida ao gerenciamento capitalista das obras.* Religiosos ou religiosas tornam-se empresários. O carisma é suplantado por cargos burocráticos, urgências econômicas, viagens ou reuniões infindáveis anulando a vida de oração. Encontros são raros e muitos se escondem na bebida, em *hobbies* extravagantes ou luxuosos, em viagens permanentes ou ativismo. A eficácia mata a gratuidade.

*9) Espiritualidade reduzida a momentos de oração mecânicos.* Sem o cultivo da meditação pessoal, da intimidade vital com Deus e o rezar a vida apostólica em comunidade, perde-se o central, que é seguir Jesus Cristo. Aqui está o portal dos espiritualismos decadentes e artificiais que negam a fonte única do viver no Espírito.

10) *Os três votos de pobreza, castidade e obediência não podem ser uma camisa de força.* Os votos são a expressão mais bela da consagração à missão. Assumir os votos é viver o carisma e ser feliz. É forma histórica de obedecer ao Espírito Santo reatualizando a presença do amor, em diálogo com a cultura e a civilização contemporânea. A entrega religiosa é sempre dom livremente aceito, não uma obrigação imposta. A cruz de um religioso são os crucificados aos quais deve amar, não as amarras às quais se aprisione sofrendo depressão. Um religioso triste é um triste cristão. Os votos devem humanizar, honrar e esquentar o coração dos consagrados para servir aos últimos nas periferias existenciais do mundo.

### Mulheres lapidadas no amor

Os dez pecados não são capazes de destruir quem foi teimosamente consagrado ao Amor. A cada dia, muitas religiosas se tornam sinal de Deus no meio do povo peregrino. Recordo, com carinho, de doze irmãs obedientes ao Espírito Santo, coerentes ao projeto de Deus proclamado pela Igreja no Brasil: Cecília Rodrigues Vianna, SDS (1935-2014); Dirce Genésio dos Santos, CJ (1942-1995); Ellen Connors, FMM (1931-1995); Enilda de Paula Pedro, IBP (1949-2011); Juana Pettinaroli, irmã Raquel, NSM (1911-1996); Leticia Sarteschi, irmã Judite, FAP (1929-1999); Maria Dolores Muñiz Junquera, irmã Covadonga, RMI (1926-2008); Maria Emília Guerra Ferreira, CSA (1941-2011); Maria Izabel de Jesus Oliveira, IBP (1921-2013); Maria Rita de Sousa Brito Lopes, irmã Dulce dos Pobres, IMIC (1914-1992); Regina Célia Andrade Paula, irmã Eloína, SSPS (1931-2012); Trinidad Dominguez Fernandez, irmã Fernanda Pia, FMM (1924-2000).

Essas religiosas se tornaram pedras preciosas ao permitir que o Espírito Santo as lapidasse de defeitos. Hoje elas brilham diante de Deus como exemplos do caminho da santidade. O brilho da renovada vida religiosa consagrada acontecerá, no novo século, se cumpridas as três metas propostas pelo papa Francisco:

1) Olhar com gratidão o passado;
2) Viver com paixão o presente;
3) Abraçar com esperança o futuro.

Concretamente o pontífice fará o seguinte pedido às congregações e ordens ativas e contemplativas: "Onde estejam os religiosos, haja alegria"[5]. Buriladas por Deus, as pessoas da vida religiosa consagrada serão sempre belos diamantes humanos. A expressão pujante e bela dos carismas divinos agindo no meio da humanidade.

## Notas

[1] *Conclusões da II Conferência Geral do Episcopado Latino-Americano.* Medellín, 1968 [Disponível em http://www.cefep.org.br/documentos/textoseartigos/documentos ecartas/medellin.doc/at_download/file – Acesso em jan./2015].

[2] Ibid.

[3] *Carta apostólica do papa Francisco às pessoas consagradas para proclamação do Ano da Vida Consagrada* [Disponível em http://m.vatican.va/content/francescomobile/pt/apost_letters/documents/papa-francesco_lettera-ap_20141121_lettera-consacrati. html – Acesso em jan./2015].

[4] *Vida religiosa e profecia* [Disponível em http://www.scalabrini.org/pt/354-attualita/in-rilievo/4018-vida-religiosa-e-profecia – Acesso em jan./2015].

[5] *Carta apostólica do papa Francisco às pessoas consagradas para proclamação do Ano da vida consagrada.* Op. cit.

# Parte III
## Futuro

---

# Sonhos rebeldes do amanhã

# 1
# Agora e na hora da nossa morte

Falar da morte é difícil, pois envolve uma pergunta e um drama existencial: como será a minha? Como vivenciei a morte de quem eu tanto amei e já partiu? O que fazer com a dor e a saudade? Pensar nela é ainda pior, pois cada época construiu uma imagem distinta e plural.

Não é preciso recuar séculos para compreender que estamos diante de um enigma. Bastaria voltar ao século XVIII e verificar quanto mudou a maneira de encarar a morte e o morrer no Ocidente.

Nos últimos dois séculos, a esperança de vida dobrou, pois antes a vida média da população não ultrapassava 35 anos. Hoje existem milhares de pessoas centenárias e a maioria já prevê viver mais de 80 anos. As doenças emergentes do século XX (câncer, Aids, influenza) e as duas guerras mundiais ainda mostram o rosto macabro da morte, apesar dos avanços científicos, particularmente as vacinas infantis. A morte não pode ser exorcizada, mesmo com os discursos da ciência imortal. A humanidade percebeu-se frágil. Se nossa civilização venceu o tabu da morte evitável, ressurge implacável a inevitável. Se antigamente pedíamos a Deus para não morrer de forma imprevisível, hoje nós o desejamos. Nosso temor é o da morte lenta e agônica. Se ontem morríamos em família, cercado de amigos, pais ou filhos, hoje morremos na solidão de um quarto "secreto" de hospital, chamado UTI ou CTI. Os cuidados clínicos tornaram-se intensivos, mas a proximidade foi excomungada. Podemos ficar minutos com quem amamos e falar pouco. Queremos dizer muito e por vezes não temos palavras para lhes dizer nada. Queremos ajudá-los nessa hora, mas não sabemos como. Nós queremos entrar para estar com eles e os moribundos querem sair, sem poder. Gostariam de fazer a passagem da vida como até poucos dias atrás a vinham fazendo e vivem uma solidão inédita no fim do seu viver. Viviam juntos e agora morrem separados.

Viver a arte de morrer em nossa época gera angústias e questões. Por que eu? Por que agora? Por que assim? O que há depois? Como ficarão os que eu amo? Alguém me espera depois do portal? Há portal? Vou sofrer? Por que vivi até hoje? Fez sentido o que plantei? Que irei deixar aos outros? Que deixarei para mim mesmo? Lembrarão de mim?

A tradição bíblica coloca especialmente duas questões: por que morremos? A morte é definitiva? Quanto à primeira pergunta, a resposta lenta do povo da Bíblia será que a morte não é uma punição ou pena infligida à humanidade, mas que é, de certa forma, inaceitável para Deus. Como dirá, séculos depois, o padre jesuíta Antônio Vieira: "Saber morrer é a nossa maior façanha". A certeza de que somos pó e feitos para o pó não impede aos escritores bíblicos de dizer que a morte é como um sono. Ficamos em um estado larvar. Deixamos de ser casulo e esperamos a hora de abrirmos as asas de borboleta.

Se a vida é reduzida a pó, sabemos pela Palavra de Deus que a morte também será transformada: a verdadeira substância do pó humano é a eternidade junto de Deus. A morte, para os que creem, não tem a última palavra. Em outras palavras: se o ser da vida é morrer, o ser da morte é a ressurreição, a imortalidade. Eis a razão do poema do apóstolo Paulo: "Onde está, ó morte, a tua vitória?" (1Cor 15,55). E o poeta do livro sapiencial: "O amor é forte como a morte" (Ct 8,6b). Ainda que sejamos destinados a morrer, não permaneceremos mortos. Ainda que visivelmente a morte pareça ser a sentença definitiva, existe esperança depois da morte.

Na hora da morte, nunca estamos sozinhos. Deus está conosco. Ao observamos um defunto, ou seja, aquele que cessou de existir, vemos só a aparência, pois nós o devolvemos para Deus, de quem veio e por quem nasceu, viveu e morreu. Nosso corpo mortal será revestido de imortalidade, pois somos criatura do Pai celeste. Somos feitos de um tecido mortal embelezado por fios eternos. Quando miramos o verso do bordado, só vemos as costuras e os nós emaranhados. Quando passamos pela hora da morte, somos virados pelo avesso e veremos a beleza daquilo que Deus bordou em nós, no corpo e na alma: essa beleza do amor que fecunda nossa vida, que é o segredo da verdadeira beleza pessoal. Nada da beleza se perderá, tudo da feiura provisória se desvanecerá. A morte escorre como areia na ampulheta e se perde. Entretanto, a vida penetra como água a terra fértil; desaparece, mas não se perde. Some da vista, mas fecunda sementes, forma lençóis freáticos e sobe tal como vapor ascendente até chegar a Deus.

Quanto à segunda pergunta, durante vários séculos antes de Jesus, muitos judeus duvidavam da ressurreição e a negavam. Com os Macabeus e o profeta Daniel, nascerá uma nova teologia sobre o caráter provisório da morte. Brotaram novas palavras e novas fórmulas de fé que tinham como centro a confiança total na Aliança de Deus. Aquele que preferisse morrer a romper a comunhão com Deus receberia dele, por essa fidelidade, a dádiva do amor eterno quebrando o cetro da morte. Deus faria viver seus mártires (cf. 2Mc 7,2-38) e mortos ressuscitariam (cf. Dn 12), pela fé na vida plena em Deus. O Senhor, enfim, nos fará experimentar em Jesus Cristo a revelação de algo único e exclusivo de Deus, e Jesus será o primogênito: a ressurreição. Os cristãos tornar-se-ão testemunhas oculares e seus anunciadores (cf. At 26,23; Jo 20,29).

O Novo Testamento quis compreender o sentido da morte de Jesus, e as primeiras comunidades escreveram "evangelhos" para ultrapassar "o escândalo e a loucura" da cruz (cf. 1Cor 1,23). Quiseram compreender a morte de Jesus para decifrar o enigma da morte. Cada um deverá pensar na sua, mas, depois de Cristo, não no desespero ou solidão. Poderá degustar "já" um pouco do "ainda não". Como canta Zé Vicente, poeta do Ceará: "E quando amanhecer, o dia eterno a plena visão, ressurgiremos por crer nesta vida escondida no pão".

A morte de Jesus será vista como a morte de um profeta (cf. Jo 15,20). Também como a morte do Messias prometido (1Cor 11,3-4). Uma terceira vertente vai interpretar sua morte como expiação dos pecados e sacrifício salvífico (cf. Hb 9,11-14). Tal interpretação vai influenciar nos relatos da ceia (cf. Mc 14,22-25; Mt 26,26-29; Jo 6,51-58; 1Cor 11,23-26). A vida plena de Jesus tira o pecado do mundo. Ainda haverá aqueles que dirão que percebem a morte dele como a morte do Justo Sofredor, como ato de solidariedade e prova de amor. Assim no evangelho de João: "Deus amou de tal forma o mundo, que entregou o seu Filho único, para que todo o que nele acredita não morra, mas tenha a vida eterna. De fato, Deus enviou o seu Filho ao mundo, não para condenar o mundo, e sim para que o mundo seja salvo por meio d'Ele" (Jo 3,16-17). É morte livre e solidária; é entrega plena de amor, dom de si por nós e por nossa salvação (cf. Jo 12,49-50). É dom, oblação, gesto de ternura de Deus por nós (cf. 1Jo 3,16). É convite para que assumamos os mesmos sentimentos de Jesus (cf. Fl 2,5) e atuemos como Ele agiu. As interpretações não esgotam o sentido da morte, e sim iluminam e nos abrem para o mistério infinito de Deus. No dizer de São João da Cruz: "No entardecer da vida, seremos julgados no amor".

E ainda a pergunta de fundo: por que e para que vivemos? É questão atual que nos abre à leitura dos evangelhos. Hoje muitos vivem pouco ou fugazmente sem penetrar a densidade da vida que é um estar aqui e ao mesmo tempo viver em Deus e para Deus. Estar aqui e viver nesse Amor pessoal. Estar aqui e fazer outros felizes. Doar-se aos pobres para que tenham vida plena. Estar aqui para aprender a viver e saber morrer. Para consolar os que morrem e animar os que vivem. Afinal, somos nós mesmos aqueles que vivemos e morremos. Deus nos fez para Ele e nele vivemos. Ao passar a porta da morte, veremos se abrir a da imortalidade. Aquela de onde saímos é de vidro, a por qual entramos é de diamante. Daqui partimos deixando muitos chorando, lá chegamos, em Deus, por Ele erguidos, de pé recebidos, com festa de muitos. Preparemo-nos para louvar, como o fez São Francisco, até a própria morte corporal, chamando-a de "nossa irmã". Ela não nos assustará mais, pois desejaremos degustar, de graça, a água da Vida (cf. Ap 22,2.17).

# 2
# A beleza da eternidade

O papa Francisco (1936-) enviou mensagem em quatro de dezembro de 2018 às Academias Pontifícias em Roma, abordando o tema da "beleza da eternidade". Segundo ele, tratamos sempre da "ressurreição dos mortos e da vida eterna" a cada domingo, na celebração da Eucaristia porque "se trata do núcleo essencial da fé cristã", ligado diretamente à fé de Jesus Cristo morto e ressuscitado. Apesar disso, disse que o tema "não encontra o espaço e a atenção que merece". Pedia que se retomasse com vigor tal questão central. O papa afirmou que é uma realidade que não surpreende, já que um dos fenômenos que marca a cultura atual "é justamente o fechamento dos horizontes transcendentes, o se fechar em si mesmo, o apego quase exclusivo ao presente, esquecendo ou censurando as dimensões do passado e, sobretudo, do futuro, sentido, especialmente pelos jovens, como obscuro e cheio de incertezas. O futuro além da morte aparece, nesse contexto, inevitavelmente ainda mais distante, indecifrável ou completamente inexistente". Também atribuiu essa lacuna a outros fatores como: a linguagem tradicional usada na catequese com "uma imagem pouco positiva e 'atraente' da vida eterna. A outra face da vida pode, assim, ser percebida como monótona e repetitiva, chata, até triste ou completamente insignificante e irrelevante para o presente".

O pontífice citou São Gregório de Nissa (335-394) com sua visão diversa da eternidade, "concebida como uma condição existencial que não é estática, mas dinâmica e vivaz. O desejo humano de vida e felicidade, intimamente ligado àquele de ver e conhecer Deus, cresce continuamente" sem nunca encontrar o fim. A experiência de encontrar com Deus "transcende qualquer conquista humana e constitui uma meta infinita e sempre nova".

O papa também mencionou Santo Tomás de Aquino (1225-1274), que afirmava que "na vida eterna acontece a união do homem com Deus, numa 'perfeita visão' dele". Essa reflexão deve nos encorajar a repropor "apaixonadamente" e com linguagem adequada ao dia a dia e com profundidade, "o coração da nossa fé, a esperança que nos anima e que dá força ao testemunho cristão no mundo: a beleza da Eternidade"[1].

## O que é a eternidade?

Certamente, é sempre mais fácil dizer o que não é eterno e vida eterna do que afirmar com clareza o que é eterno. Simplesmente porque somos marcados pelo limite e pela temporalidade que nos constituem, como seres frágeis e mortais, nem sempre vislumbramos que temos um destino eterno. Santo Agostinho de Hipona (354-430) recordava em suas memórias ser importante fazer essa distinção de tempo e presença diante de Deus. Quando estivermos face a face com o Pai, saberemos que o que víamos era só reflexo e silhueta mal desenhada de nossos limites pessoais. Então veremos no amor e pelo amor de forma plena e transparente. Nesse momento, poderemos dizer: é verdade, ou seja, amém! E em seguida, diremos aleluia, que quer dizer: louvemos Deus.

O que Santo Agostinho quer nos dizer é que somos seres que têm sede de eternidade, da beleza da eternidade. Não nos contentamos com o cotidiano e a repetição do fugaz e evanescente. Queremos o eterno, o belo, o verdadeiro. Buscamos aquilo que nos plenifica. Assim também dizia o teólogo belga Adolphé Gesché (1928-2003): "Em resumo, o ser humano, qualquer ser humano, é um ser que não é somente o ser inteligente (*logikon*), o ser social (*politikon*) e o ser que fala (*logon echon*) de Aristóteles, mas – não importa como ele é entendido – um ser criado, um ser revelado e um ser a ser salvo – um ser em via de realização"[2].

O evangelho segundo São João ajuda-nos com o versículo central para entender a vida como eternidade: "Quem ama a sua vida (*psique*), vai perdê-la, quem odeia a sua vida (*psique*), neste mundo, irá conservá-la em vida (*zoé*) eterna" (Jo 12,25). Percebemos claramente que o discípulo amado que escreveu o quarto evangelho tinha a seu dispor as três palavras do idioma grego que explicam a vida: *bios, psique e zoé*.

*Bios* está na origem da palavra biologia, a ciência da vida, significa: vida puramente física ou orgânica. O evangelista Marcos, ao comentar que uma mulher pobre deu como oferenda todo o seu dinheiro, diz que ela doara o necessário da vida (*bios*), ou seja, sua sobrevivência física (cf. Mc 12,44). São João nunca usou essa palavra em seu evangelho, pois, para sua leitura teológica, a vida nunca é puramente material ou reduzida ao orgânico. Ele utiliza os dois outros conceitos do vocabulário grego: *psique e zoé*.

*Psique* designa o princípio da vida corporal, ou seja, o sopro que faz o corpo viver, andar, amar e buscar um sentido. Para São João, esse princípio é um dom ou presente de Deus. Por quatro vezes, ele descreve em seu relato joanino essa palavra saindo da boca de Jesus em seu Evangelho. Cristo anuncia que, livremente, vai ofertar sua vida por seus amigos (cf. Jo 10,11.15.17; 15,13). Aqui já compreendemos que nosso viver está em conexão com o sopro divino, que nos fez nascer e viver. E que, em nossa caminhada na história, somos animados pelo Espírito que sopra e alimenta nossa esperança.

Enfim, a palavra mais vigorosa do vocabulário joanino é *zoé*, evocada para designar uma vida em que a morte não tem poder nem pode extinguir por completo. Por 55 vezes, o evangelista, que morre em Patmos, usa essa palavra (ou o verbo correspondente) em seus textos de esperança para as comunidades cristãs. João encantou-se com a promessa de Jesus de que essa vida já é eterna, pois o amor é mais forte que a morte. A eternidade é uma afirmação de Deus diante das forças da morte. É a vitória dele sobre os limites e as circunstâncias que parecem vitoriosas.

São João não nega a realidade da morte física e natural. Entretanto, ele sabe que Deus nos deu vida com vocação de eternidade. Nosso código genético possui uma conexão com o Criador, pois jamais poderemos ser reduzidos e mantidos no reino do finito. Sabemos que o que deixamos no cemitério são os restos mortais, mas nunca a pessoa que amamos. Essa pessoa e mesmo cada um de nós seremos transfigurados por Deus na eternidade. Assim afirmava Gesché em um belo texto: "Para que o ser humano transcenda seus fardos e ouse e possa transgredir suas resistências, precisa de palavras e fronteiras absolutas. Precisamos, já dissemos isso, levar em conta a realidade, se quisermos evitar todo discurso encantatório e impotente. Precisamos, igualmente, pôr em jogo determinações mais altas, sem as quais o ser humano é incapaz de livrar-se de seus fardos e de entrar em desejo. O ser humano precisa de anterioridades e de antecipações. Trata-se quase que daquilo que Kant justamente chamava de categorias *a priori*. Para chegar à liberdade, dizia por sua vez Proudhon, é preciso um povo de Deus, alusão evidente ao povo de Moisés, a um povo apaixonado e em marcha. O ser humano é um ser de fronteiras e de absoluto, de sonhos e de visão"[3].

A vida eterna não se fundamenta em noções de tempo e espaço. Ela se enraíza na qualidade de uma relação com Deus. Mais que um lugar ou momento de eternidade, pensamos na eternidade como uma metamorfose de nossas vidas em Deus. Assim diz o prefácio dos mortos do *Missal Romano*: "aos que a certeza da morte entristece, a promessa da imortalidade consola. Senhor, para os que creem em vós, a vida não é tirada, mas transformada. E, desfeito o nosso corpo mortal, nos é dado, nos céus, um corpo imperecível"[4].

## Professar a fé na eternidade pela poesia e pela vida

Como ainda estamos nesta vida, de que modo é possível sabermos o que virá no futuro? Os poetas podem iluminar a questão que toca em nossas entranhas? Escreveu Arthur Rimbaud (1854-1891), no poema "Eternidade", de maio de 1872: "De novo me invade. Quem? – A Eternidade. É o mar que se vai / Com o sol que cai. Alma sentinela, Ensina-me o jogo / Da noite que gela / E do dia em fogo. Das lides humanas, Das palmas e vaias, Já te desenganas E no ar te espraias. De outra nenhuma, Brasas de cetim, O Dever se esfuma / Sem dizer: enfim. Lá não há esperança / E não há futuro. Ciência e paciência, Suplício seguro. / De novo me invade. Quem? – A Eternidade. É o mar que se vai / Com o sol que cai"[5].

As santas também souberam poetizar a eternidade. Eis um pequenino trecho da poesia de Santa Terezinha do Menino Jesus, Thérèse de Lisieux (1873-1897): "Viver de Amor, estranha loucura, Vem o mundo e me diz, para com esta glosa, Não percas o perfume e a vida que é tão boa, Aprende a usá-los de maneira prazerosa! Amar-Vos é, então, Jesus, desperdício fecundo!... Todos os meus perfumes dou-Vos para sempre, E desejo cantar, ao sair deste mundo: Morro de Amor! Morrer de Amor é bem doce martírio: Bem quisera eu sofrer para morrer assim... Querubins, todos vós, afinai vossa lira, Sinto que meu exílio está chegando ao fim! Chama de Amor, vem consumir-me inteira. Como pesa teu fardo, ó vida passageira! Divino Jesus realiza meu sonho: Morrer de Amor!... Morrer de Amor, eis minha esperança! Quando verei romperem-se todos os meus vínculos, Só meu Deus há de ser a grande recompensa, E não quero possuir outros bens, Abrasando-me toda em seu Amor, A Ele quero unir-me a vê-lo: Eis meu destino, eis meu céu: Viver de Amor!"[6]

O que sabemos é aquilo que professamos no Credo, com a ajuda da fórmula bíblica: "E de novo há de vir, em sua glória, para julgar os vivos e os mortos; e o seu reino não terá fim". A nova vinda de Cristo (*Parousia*), como momento de colocar tudo em crise, ou seja, em julgamento, pela luz fulgurante do amor de Deus que fará novas todas as coisas. Isso nos faz rejeitar todo fatalismo, todo determinismo e, sobretudo, nos faz participantes da espera ansiosa de tempos novos na fé cristã. Professando a eternidade, nós nos declaramos como pessoas que acreditam no futuro e na esperança. Pessoas que professam a ressurreição como certeza vital. Assim, segundo o cardeal Jean-Marie Lustiger (1926-2007), arcebispo de Paris: "De fato, crer no Cristo, Verbo de Deus feito homem, é crer na Ressurreição. É aceitar de ser conduzido por Deus para esse acontecimento e fazê-lo, tal qual nos convida a liturgia, o centro de nossa fé"[7].

A humanidade e mesmo todas as criaturas viventes são convidadas para a restauração e a salvação. Assim afirma confiante o Apóstolo Paulo em sua Epístola aos Romanos: "Sabemos que até hoje toda a criação geme e padece, como em dores de parto. E não somente ela, mas igualmente nós, que temos os primeiros frutos do Espírito, também gememos em nosso íntimo, esperando com ansiosa expectativa, por nossa adoção como filhos, a redenção do nosso corpo" (Rm 8,22-23). Tudo foi verdadeiramente cristificado ou verbificado por Jesus em sua morte e ressurreição. Tudo será restaurado na segunda vinda do Cristo Cósmico, Senhor do Universo. A humanidade é vocacionada para a deificação (em grego, *theosis*). Somos e seremos plenamente por Cristo "a fim de tornar-vos por esse meio participantes da natureza divina" (2Pd 1,4). A deificação significa a conexão total com a corrente de amor que une o Pai, o Filho e o Espírito Santo. Seremos mergulhados na comunhão de Deus. Tomados no colo do Pai como filhos adotivos que vivem e anseiam pelo amor. Só o Cristo pode nos fazer imergir nesse oceano de amor infinito.

No Filho eterno, somos chamados a ser filhos. Esse convite exige uma resposta pessoal e livre. Ninguém é obrigado, mas convidado. Um aperitivo desse momento eterno já se pode viver nas liturgias de nossas igrejas e na vida de nossas famílias. De forma metafórica, podemos retomar as leituras dos Santos Padres da Antiguidade cristã, como Irineu de Lyon (130-202) e Zenão de Verona (300-371), que estabeleceram a relação direta entre o Espírito Santo e a ressurreição. Assim, usando da imagem patrística, podemos afirmar que "a morte – esse monstro voraz – engolir-nos-á a todos, mas nos cuspirá fora depois de ter constatado que a nossa carne, transformada pelo Espírito, não é mais comestível"[8].

Como cristãos, teimosamente esperançosos, com rostos de ressuscitados, cantemos a beleza de ser um "eterno aprendiz", pois sabemos que a vida devia ser bem melhor! Isso não impede que se repita: é bonita, é bonita e é bonita. Vivamos, sem a vergonha de ser feliz, aqui e na eternidade.

## Notas

[1] Disponível em https://www.vaticannews.va/pt/papa/news/2018-12/papa-francisco-academias-pontificias-roma-eternidade.html – Acesso em dez./2018.

[2] GESCHÉ, A. *A destinação*. São Paulo: Paulinas, 2004, p. 9 [Deus para pensar].

[3] GESCHÉ, A. *O sentido*. São Paulo: Paulinas, 2005, p. 95-96 [Deus para pensar].

[4] Disponível em http://ofmsantoantonio.org/2018/11/01/senhor-para-os-que-creem-em-vos-a-vida-nao-e-tirada-mas-transformada/ – Acesso em dez. 2018.

[5] Disponível em https://www.escritas.org/pt/t/10846/a-eternidade – Acesso em dez./2018.

[6] Disponível em http://www.aascj.org.br/home/2011/10/viver-de-amor – Acesso em dez./2018.

[7] LUSTIGER, C. *France Catholique*, n. 2.007, 1985.

[8] PADOVESE, L. *Introdução à Teologia Patrística*. Tradução de Orlando Soares Moreira. São Paulo: Loyola, 1999, p. 84.

# 3
# Desafios missionários

A missão cristã é uma convocação alegre do Espírito de Deus para seguirmos seu amado Filho, Jesus. Além de ser um mandato para cumprir uma tarefa do próprio Cristo ressuscitado, é sempre um novo jeito de encarnar a palavra viva de Deus nos caminhos da história. De fato, mais que uma missão genérica, existem a presença e o rosto de missionários e missionárias que corporificam em suas vidas e com ações concretas o amor de Deus. São essas pessoas dóceis ao sopro divino que encarnam a missão, representando seu rosto, suas mãos e seu coração.

Os missionários são as mulheres e homens que dão carne àquilo que o Espírito anima e caminham cuidando da vida. Vale citar a bela metáfora dos ossos secos do sonho do profeta Ezequiel, que ganham o sopro vital e começam a caminhar como povo fiel.

Aqui, podem-se fazer vários questionamentos: "O que o Espírito nos pede hoje?" "No agora de nossas vidas, o que Deus quer de cada um de nós?" "O que será que o Espírito Santo diz ao nosso coração de filhos?" "O que Ele fala aos membros de sua Igreja que peregrina na terra?" "O que mais podemos fazer?" "Onde?"; "Como?"

A resposta está no corpo da Liturgia Eucarística quando lemos esta pequenina prece da esperança missionária: "Que tua Igreja, Senhor, seja um recinto de verdade e amor, liberdade, justiça e paz, para que todos encontrem nela um motivo para seguir esperando. Que todos os membros da Igreja saibamos discernir os sinais dos tempos e cresçamos em fidelidade ao Evangelho. Que nos preocupemos em compartilhar na caridade as angústias e as tristezas, as alegrias e as esperanças das mulheres e homens, mostrando-lhes assim o caminho da salvação".

O Espírito de Jesus convoca cada um de nós para ver a realidade que nos cerca e mudar sua história. Segundo pesquisa do IBGE, dos 5.560 municípios brasileiros, 77% têm graves problemas ambientais. Os cinco piores lugares para o desenvolvimento infantil são Pau d'Arco do Piauí (PI), Melgaço (PA), São Paulo de Olivença (AM), Campo Alegre do Fidalgo (PI) e Monte Santo (BA). Além disso, a ONU identifica treze bolsões de extrema pobreza no Brasil. No estado de São Paulo, está Guaraqueçaba, no Vale do Ribeira.

Com base nessa realidade, a Igreja Católica no Brasil procura atender e acompanhar o povo brasileiro com as seguintes forças pastorais: 116 milhões de católicos, organizados e reunidos em 9.222 paróquias e 44.903 centros de pastoral e comunidades de base, 444 bispos, 20 mil presbíteros, 2.020 diáconos permanentes, 4.003 irmãos, 33.333 religiosas e mais de meio milhão de catequistas. O trabalho árduo de bispos, padres e religiosas é conhecido e valorizado por todos. No entanto, não estará faltando uma ação mais vigorosa dos milhões de leigos e leigas? Teria soado a hora e a vez do laicato missionário no Brasil?

### A hora dos leigos e das leigas

Cada um de nós é testemunha ocular de que no Brasil há uma Igreja viva: não somos museu e sim um imenso jardim florido. Mas concordamos que é chegada a hora de cuidar melhor da semeadura e da diversidade de nossa flora pastoral. Precisamos com urgência de leigos atuantes e adultos. Necessitamos assumir a missão de maneira vigorosa e muito mais audaz, transformando-a em ministério no mundo e em prol do mundo. Missão como tarefa permanente e cheia de alegria cristã, que se faça ação e coração e se transforme em oração e ação de graças.

Todo ministério é antes de tudo uma prática coerente, comunitária e reconhecida pela comunidade. Existem desafios para todos, homens e mulheres. Há pouco tempo, a Igreja reconheceu oficialmente Catarina de Sena, Teresa d'Avila e Teresa de Lisieux como doutoras. Por que não haveria outras mulheres hoje para animar nossa fé e nosso engajamento no mundo?

Se houve uma diaconisa como Febe, atestada por Paulo em sua Epístola aos Romanos (Rm 16,1-2), por que não esperar e valorizar esse serviço entre as mulheres de hoje?

Se em algumas épocas da história cristã o número de mulheres canonizadas superou o de homens, quais são as lições para a Igreja deste terceiro milênio em que estamos inseridos?

Se a Bíblia está repleta de profetisas, como Míriam, Ana, Noadias, Sara, Rebeca, Raquel, Débora, Jael, Dalila, Rute e a líder mãe dos Macabeus, hoje quem seriam em nossa Igreja e sociedade as novas profetisas missionárias do Reino da paz?

Se houve coordenadoras de Igrejas domésticas, como Priscila (1Cor 16,19), Lídia em Filipos (At 16,14), Júlia (Rm 16,15) e Ninfa em Laodiceia (Cl 4,15), como reconhecer com dignidade as coordenadoras de grupos de famílias em nossas ruas e periferias? Seriam elas as missionárias da palavra e da coordenação ao nível da base eclesial?

Sobretudo devemos acatar com atenção redobrada o diálogo ecumênico: "É sem dúvida necessário que os fiéis católicos, na ação ecumênica, se preocupem com os irmãos separados, rezando por eles, comunicando-se com eles sobre assuntos da Igreja, dando os primeiros passos em direção a eles. Mas, sobretudo, examinem, com espírito sincero e atento, o que dentro da própria família católica deve ser renovado e realizado, para que sua vida dê um testemunho mais fiel e luminoso da doutrina e dos ensinamentos recebidos de Cristo através dos apóstolos" (Vaticano II. UR, n. 4, aprovada em 21/11/1964. In: *Compêndio do Vaticano II*. Petrópolis: Vozes, 1968, p. 315).

### Sugestões concretas

A fim de revigorar a Igreja de Cristo e cultivar atitudes de acolhida, de misericórdia, de profecia e de solidariedade (cf. *Documento de Aparecida* e todo o magistério da CNBB), poderiam ser adotadas diversas práticas missionárias e ministeriais. São exemplos de serviços multiplicadores onde os leigos e as leigas podem potencializar a ação de toda a Igreja:

• Missão e ministério do discernimento e da unidade (presença em conselhos de pastoral, conselhos econômicos e equipes de reflexão e discernimento).

• Missão e ministérios bíblicos (escolas da fé e grupos do Cebi); missão e ministério da catequese.

• Missão e ministérios do testemunho pessoal e comunitário (líderes de associações de bairro, ONGs, associações culturais, sindicatos, partidos e órgãos de políticas públicas).

• Missão e ministério da celebração da palavra e do batismo.

• Missão e ministério das missões populares e da construção de grupos de famílias (visitação, aconselhamento, grupos de rua, de reflexão, animação familiar nas casas, articulação da Pastoral Familiar e da celebração do sacramento do matrimônio).

• Missão e ministério da vida urbana (vicariatos dos moradores da rua, construtores da sociedade, comunicação social e mídia, mulheres marginalizadas, moradia, juventude, universidades, cáritas etc).

• Missão e ministério do diálogo e da ação ecumênica (Cedra, Mofic, Cesep, Conic e CFE 2010).

- Missão e ministério da fé e da política (cristãos da classe média, pastorais sociais, Movimentos dos Sem-Terra, acampamentos e assentamentos, marchas, caravanas, MICC, entidades sociais e filantrópicas e grupos ecológicos).
- Missão e ministério da solidariedade e da compaixão (HIV positivos, enfermos, pessoas com deficiência, menores abandonados e exéquias).
- Missão e ministério das artes e das culturas (grupos de cultura afro, catolicismo popular, festas, devoções, músicas populares, capoeira e hip hop).
- Missão e ministério de direção espiritual dos ministérios leigos.

Esses exemplos e nossa vontade de servir a Deus, animados pelo Espírito Santo, podem nos ajudar a viver melhor o Santo Evangelho de Nosso Senhor Jesus. Que Deus nos auxilie nessa bonita empreitada!

# 4

# Vai, vai missionário

Uma melodia me encanta e entusiasma cada vez que a escuto. Dá vontade de cantar a plenos pulmões, pois realiza o que proclama. Diz o estribilho de forma corajosa: "Vai, vai, missionário do Senhor, vai trabalhar na messe com ardor. Cristo também chegou para anunciar: não tenhas medo de evangelizar". É preciso ir. É preciso anunciar. É preciso trabalhar a messe e na messe com empenho, ardor e amor.

Na bimilenar história dos cristãos, a palavra "missão" foi recebendo significados distintos e, às vezes, contraditórios com a mensagem do próprio Jesus. Da origem latina, sabemos que *"missio"* tem três significados: "envio; tarefa mandada por alguém e libertação de um prisioneiro". Até o século XVI, a missão da Igreja significava que a Igreja havia sido enviada por Deus para proclamá-lo. Ela era o próprio objeto da missão. Estar na Igreja, entrar nela e não sair jamais era a tarefa e o horizonte missionários. Desde Orígenes (185-254), dizia-se: *Extra Ecclesia nulla salus* [Fora da Igreja não há salvação]. Depois do referido século, e particularmente a partir do século XIX, a missão eclesial passou a significar o esforço de evangelização exercido por essa instituição em nome de Jesus. É a Igreja que envia e vive como tarefa central a missão. Fora da missão, não há Igreja.

Os estudiosos da missiologia (ciência teológica da missão cristã) distinguem dois tipos complementares de ação: a missão interior, ou *ad intra*, que é o esforço de evangelização em regiões cristãs ou catequizadas, mas que precisam ser reevangelizadas por conta de novos modos de vida, de trabalho e das revoluções culturais que alteram o significado das palavras e são um desafio para encarnar o Evangelho em novos contextos; e a missão exterior, ou *ad extra*, que é o empenho de evangelização em regiões não cristãs, dentro e fora dos países cristãos, já que, mesmo neles, o aumento veloz do agnosticismo e do ateísmo impõe ao cristianismo uma situação de crise. Em um passado não tão distante, ser missionário confundia-se somente com este segundo tipo: aquele que partia para falar aos pagãos e distantes povos desconhecidos para convertê-los ao Cristo nem sempre em diálogo e, muitas vezes, por meio de uma apologética impositiva de terra arrasada.

## Uma pequena história da missão

O entusiasmo do encontro com Cristo ressuscitado era o motor da missão nos primeiros séculos. A Igreja apostólica era movida pela experiência pascal que queimava seu coração e que lhe impelia a anunciar para o mundo tal maravilha de experiência transformadora. O coração flamejante de Paulo fez que viajasse mais de 15 mil quilômetros por toda a Europa e pela Ásia. Depois dele, nós nos recordamos de São Gregório, o Iluminador (257-331), missionário entre o povo armênio; São Frumêncio, conhecido entre os etíopes como *Abba* Salama (?-383), na Abissínia; São Martinho (316-397), que pregava em terras gaulesas; Ulfilas (311-383), presente entre os godos. Assim o Evangelho reverberou como uma onda que vai da Palestina para o sul, atingindo a Alexandria; para o leste, alcançando a Ásia; para o norte, chegando a Edessa, na atual Turquia, que se tornou a primeira cidade cristã, e para o oeste, atravessando as grandes estradas romanas, e atingindo a Grécia, a Itália e a Bretanha. Da onda original, surgiram outros movimentos para a Etiópia, a Europa Central e a Península Ibérica.

Durante cinco séculos, do V ao X, a missão confundiu-se com a cristandade e com suas motivações de expansão geopolítica quer dos imperadores do Ocidente, quer dos monarcas do Oriente. Os missionários especializados passaram a ser os monges, e a missão concretizou-se na implantação de mosteiros medievais. Lembro-me dos gigantes missionários, como São Patrício (387-461), na Irlanda; São Columba (521-597), em terras escocesas; São Columbano (543-615), na Gália; Santos Williborde (658-739) e Bonifácio (672-754), entre os germânicos; Santo Ansgário de Hamburgo (801-865), entre os suecos e, sobretudo, os irmãos Santos Cirilo (?-869) e Metódio (826-885), entre os povos eslavos.

Do século X ao XV, veremos surgir as malditas guerras religiosas contra o Islã, pela conquista de povos distantes por meio de cavaleiros teutônicos, com o objetivo de chegar aos mongóis, aos tártaros, aos chineses, com missionários como Guillaume de Rubruquis (1220-1293) ou João de Montecorvino. A grande novidade foi a irrupção vulcânica das ordens mendicantes, com São Domingos de Gusmão (1170-1221) e São Francisco de Assis (1182-1226). O conflito entre os projetos missionários era evidente entre a pobreza engajada e o triunfalismo destrutivo. A grande missão foi tragada pela grande expansão colonialista.

Do século XV ao XX, a chegada dos colonizadores ao Novo Mundo, pela presença nas terras do "novo" Continente Americano despertará outro movimento de missão. Negando a vida e fé original dos autóctones e escravizando-os, cometeu-se um novo pecado original. Poucos missionários perceberam a necessidade de mudar de perspectiva e assumir a verdade de Cristo contra a dominação do rei e da Coroa. Frei Bartolomeu de las Casas (1474-1566) foi um deles. A Reforma Protestante também fez gerar rivalidades e perspectivas diferentes da salvação e da ação cristã. Havia muitos missionários e muitas ideias de missão.

Até o século XX, a missão passa a ser tarefa especifica de religiosos e suas congregações. Vale lembrar a iniciativa pioneira de uma leiga francesa de Lyon, Pauline-Marie Jaricot (1799-1862), que, em 1822, criou uma organização de sensibilização sobre questões missionarias entre os leigos, que foi a pedra angular das atuais Pontifícias Obras Missionárias (POM). Atualmente, o posto central da missão cabe ao laicato como sujeito missionário e animador de novas Igrejas nascentes e adultas.

**Os avanços do Concílio Vaticano II**

O *Decreto Ad Gentes: sobre a atividade missionária da Igreja*[1], promulgado pelo beato papa Paulo VI (1897-1978) em comunhão com os padres conciliares em Roma, em 7 de dezembro de 1965, apresenta avanços concretos na teologia da missão. Segundo o teólogo Francisco Catão (1927-2020), seriam estes os oito saltos qualitativos aprovados pelo Concílio Vaticano II (1962-1965):

1) De uma Igreja consolidada no Ocidente, com missões exteriores, para uma Igreja missionária, toda empenhada em difundir a Palavra de Deus.

2) Do conceito restrito de missão canônica para o conceito teológico e bíblico de missão como tarefa de todo o povo de Deus.

3) Da mensagem válida por si mesmo para a missão em conexão com as exigências e as aspirações concretas dos homens, mulheres e povos de cada país e cultura.

4) Da simples função missionária para a missão fundamentada no testemunho de vida de uma comunidade humana concreta.

5) Da conversão a verdades abstratas para a adesão pessoal ao Deus de Jesus Cristo, como fermento interior da transformação progressiva de cada ser humano.

6) Das conversões individuais, fruto do trabalho de missionários vindos de fora, para uma comunidade missionária, profundamente enraizada na vida histórica e na cultura de cada povo.

7) Da improvisação de alguns pregadores de missão para a formação de vocações missionárias de testemunhas de Cristo, por uma vida doada ao Evangelho.

8) De uma atividade missionária individualista para o sentido eclesial da missão coordenada e fecunda em todas as partes do mundo.

O número dois do referido documento é esclarecedor da nova visão missionária: "A Igreja peregrina é, por sua natureza, missionária, visto que tem a sua origem, segundo o desígnio de Deus Pai, na 'missão' do Filho e do Espírito Santo". Deste duplo mandato missionário realizado pelas mãos do Filho e do Espírito Santo, nasce o compromisso vital de cooperar com a tarefa de Deus no mundo. E o número cinco do *Ad Gentes* ressalta: "Continuando esta missão e explicitando através da história a missão do próprio Cristo, que foi enviado a evangelizar os pobres, a Igreja, movida pelo Espírito Santo, deve seguir o mesmo caminho de Cristo: o caminho da pobreza, da obediência, do serviço e da imolação própria até à morte, morte de que Ele saiu vencedor pela sua ressurreição. Foi assim também que todos os Apóstolos caminharam na esperança completando com muitas tribulações e fadigas o que faltava aos trabalhos de Cristo pelo seu corpo, que é a Igreja. Muitas vezes, mesmo, a semente foi o sangue dos cristãos".

### Cinco convicções

Podemos dizer que os(as) missionários(as) de hoje são todos os batizados convictos de sua tarefa de evangelizadores. Esta se exprime em cinco pilares sólidos:

1) O Evangelho de Jesus é a boa notícia decisiva para cada pessoa humana. De pessoas evangelizadas e que fizeram seu encontro pessoal com Cristo, passamos a uma Igreja evangelizadora que prega o que vive e vive o que crê com alegria e amor.

2) A tarefa do Povo de Deus, e de cada membro da Igreja, é de ser um anunciador e pregador suave da mensagem de Jesus Cristo. Queremos desvelar os valores do Reino de Deus e de sua justiça que ainda estão encobertos em cada canto da criação de Deus. Queremos servir e mostrar Deus. Sem medo de evangelizar e tampouco sem arrogância. Anuncia quem ama o irmão, mesmo se este não tem fé em Cristo ou mesmo em Deus. Anuncia quem vive os valores do Evangelho e da Igreja. Anuncia quem defende os pobres, os imigrantes, as mulheres e as culturas do massacre e da morte. Anuncia quem defende a vida e a dignidade das pessoas, imagens de Deus. Assim o anúncio pode ser explícito ou implícito. Sempre que o belo e o verdadeiro são proclamados Deus aí está.

3) Evangelizar é testemunhar a misericórdia do Deus encarnado em Jesus Cristo. Assim em cada gesto de ternura e solidariedade que emerge do coração de um cristão ou de sua comunidade religiosa Deus aparece e se manifesta.

4) A evangelização é uma tarefa sempre maior que a dos evangelizadores humanos. Somos meros colaboradores da obra de Deus. Só obreiros. Só coadjuvantes. Sem dúvida atores importantes, mas o holofote não está focado em nós, pois a primazia da ação deve ser proporcional às tarefas que fazemos. O ator principal da missão é sempre Deus. Missão não é investimento nem poupança bancária de agentes de pastoral. Não é um gráfico em que as coordenadas somos nós quem definimos. Tudo está nas mãos de Deus. A missão é obra primeira e fundamental do Espírito Santo e do Cristo Jesus. O Espírito do Cristo Ressuscitado sempre nos precede e nos convoca. Sejamos humildes servos da vinha do Senhor. Fracassos e vitórias são partes do processo missionário mergulhadas no enigma da história. A docilidade aos desígnios de Deus facilita a obra e a sintonia com a vontade de Deus. Missionário que vende produtos ou que se valoriza demais é mentiroso e manipulador. Missionário fiel usa pouco "eu, mim, comigo, faço, quero, mando, ordeno, pois sabe que

é servo inútil". Deve assumir-se frágil argila nas mãos do oleiro e dizer: "Sim, Senhor, faça-se como Tu queres. Sim, obedeço. Sim, eu creio, mas aumenta a minha fé". Ou seja, só por Deus e seu Ungido.

5) A vida a serviço da missão eclesial e evangélica arrebata e apaixona os corações. As missionárias são as grandes aventureiras sopradas pelo Vento de Deus. Pau para toda obra. Abertas às surpresas do povo, dos pobres e das crianças. Querem ver o invisível. Tocam o coração das pessoas, pois deixam primeiro Deus tocar o seu coração. Assim poetizava dom Helder Camara (1909-1999): "Missão é sempre partir, mas não devorar quilômetros. É, sobretudo, abrir-se aos outros como irmãos, descobri-los e encontrá-los. E, se para descobri-los e amá-los, é preciso atravessar os mares e voar lá nos céus, então missão é partir até os confins do mundo"[2].

Os missionários vão-se impregnando da humanidade concreta do povo ao qual foram enviados pela Igreja. Se é uma brasileira que foi destinada para o Haiti, a missionária irá delicadamente aprendendo a amar o povo, sua culinária, suas palavras, os abraços, os gestos, as dores e os sonhos do povo haitiano. Sem deixar de ser brasileira, ela se fará haitiana. E falará das coisas de Deus e do Cristo como a pessoas amadas por Ele. Lerá as cruzes do povo que agora é seu povo, confrontando-as com a cruz de seu amado Jesus. Cantará as alegrias do povo que agora é seu povo, mergulhando nos hinos eucarísticos ao Pai pelo Filho no Espírito Santo. A missionária, desse modo concreto e cotidiano, vai-se fazer carne com a carne do povo, e o povo irá convertendo-se em povo pelo Cristo. Eis a aliança missionária. Eis a missão realizando-se e o Evangelho sendo proclamado ao gerar comunidades. A missão é sempre esse mergulho em águas mais profundas. Começa pelo idioma aprendido com vigor e empenho, passa pelo olhar e termina dentro do coração do outro. Desse encontro de corações e mentes, faz-se o caminho inverso, que vai agora do coração à proclamação e desta ao reconhecimento da ação de Deus na vida concreta e nos sacramentos celebrados. A missão é mais comunicação do que simples presença. É uma troca, uma conexão, uma fidelidade do Deus que se dá e que espera uma resposta. O missionário sempre fala de uma ausência e de uma saudade que cada pessoa quer experimentar. É muito mais que uma técnica ou um plano eficaz de ação. É uma surpresa e um encantamento. O missionário leva algo certamente, mas traz sempre o dobro daquilo que levou. Ele é o aprendiz do amor entre aqueles que pensa converter. Bom missionário é quem se converte e crê que a graça é maior. Sabe que Deus o precedeu e que os anjos já trabalham muito os ouvidos de quem o escuta. O Espírito comove corações e mentes.

Assim diz o padre xaveriano Mario Menin: "O Evangelho faz bem ao ser humano, o promove, o realiza ao máximo, mesmo se não isso não for compreendido por todos não por culpa do Evangelho, mas certamente por aquele que o transmite"[3]. Não é preciso mudar costumes, roupas ou vocabulário. É necessário entregar a vida toda e deixar-se elevar por Deus. "O norte da missão de Jesus é a cruz. É debaixo da cruz que podemos entender a lógica, a profundidade e o alcance da missão, que Jesus recebeu do Pai e que confiou à sua Igreja"[4].

## Notas

[1] Disponível em http://www.vatican.va/archive/hist_councils/ii_vatican_council/documents/vat-ii_decree_19651207_ad-gentes_po.html – Acesso em set./2016.

[2] Disponível em http://www.capuchinhos.org/missoes/para-rezar/421-missao-e-partir – Acesso em set./2016.

[3] MENIN, M. *Missione* – Parole delle Fedi. Bolonha: Missionaria Italiana, 2010, p. 55.

[4] RESTORI, M. *A missão no Vaticano II*. São Paulo: Paulus, 2015, p. 153.

# 5
# Vagalumes na escuridão

Uma recordação de minha infância é a de correr atrás de vagalumes ou pirilampos para colocá-los em um vidro com tampa e, depois de observar aquele pisca-pisca fantástico da natureza, soltá-los e contemplar a noite escura entrecortada de pequeninas luzes, ao entardecer do dia. De forma singela, as crianças viam as maravilhas de Deus nessas frágeis criaturas. Sentíamos algo de mágico. Essa alegria infantil de querer manter a luz comigo lutava, entretanto, com a necessidade de mantê-la livre. Prendíamos para soltar! Prendíamos e soltávamos para não matar o inseto luminoso. Ele devia ser livre. Essa posse fugaz era uma metáfora da criação divina. A alegria dos pirilampos capturados tornou-se uma curiosidade científica e, ainda criança, eu quis entender como tal inseto podia possuir uma fonte de luz fosforescente. Descobri que o processo para gerar a luz ocorria na parte inferior do abdome dos insetos da ordem dos coleópteros, com órgãos fosforescentes que realizavam uma reação química. Uma substância conhecida como luciferina entra em contato com o oxigênio, ativando a enzima luciferase para produzir a oxiluciferina, emissora de energia através da luz. E tudo isso para que os machos e as fêmeas se encontrassem para acasalamento, sempre com o risco de serem também eles apanhados pelos predadores de pirilampos e vagalumes que os encontravam pela própria luz emitida. Seu órgão luminoso está ligado ao cérebro, o que confere ao inseto total controle sobre sua luz.

Ainda hoje, sonho com seres humanos capazes de controlar a "luz interior", tais quais pequeninos vagalumes, particularmente em tempos de trevas e obscurantismo nos órgãos de governo. Onde encontraríamos essas pequenas luzes marcando nosso caminhar rumo ao futuro? Será que ainda existem vagalumes nas cidades? Poderíamos dizer que nossos amigos e amigas que têm luz própria seriam "pirilampos humanos" conduzindo nossa esperança em dias melhores? Creio que sim.

### Pessoas forjando esperanças

Recordo, em primeiro lugar, de um personagem bíblico paradoxalmente luminoso chamado Jeremias (626-586 a.C.). Ele foi um profeta que fez brilhar a luz de Deus em tempos de perseguição e ocupação de um império estrangeiro. Sua profecia coincidiu com a reforma política e religiosa do rei Josias, logo após a publicação do Deuteronômio (segunda lei) e de seu malogro. Quando o monarca morreu em Megido, em 609, Jeremias tornou-se suspeito, pois denunciava de forma clara as tratativas e os acordos dos reis de Judá com o Egito para enfrentar o rei da Babilônia, Nabucodonosor. Ele anunciava o perigo iminente desse jogo de potências imperiais, dizendo que a ordem interna de Judá era tão corrupta quanto à dos invasores, e que seria destruída. Pedia que o povo se convertesse, depositando sua confiança só em Deus e não nas promessas militares das elites ou em uma falsa segurança religiosa de fachada. Sua pregação lhe custou um exílio forçado no Egito (que ele próprio não queria!), onde morreu de tristeza e dor diante da cegueira do próprio povo, que caminhou para a desgraça aplaudindo um dos opressores, mas ficando submisso ao outro opressor imperial. Jeremias foi rejeitado pelos círculos dominantes de Judá. Como ele previu, o rei babilônico invadiu Jerusalém, deportou a população e destruiu a cidade em 587 a.C. Em termos históricos e humanos, podemos dizer que foi um derrotado. À luz da fé, entretanto, era um profeta teimoso que clamava por um "novo coração de carne" (cf. Jr 31,31-34). Não foi ouvido nem compreendido. Mesmo assim, foi luz, pois acreditou que Deus faria o povo sobreviver aos opressores. Haveria uma nova cidade se houvesse uma nova prática de justiça social e obediência a Deus.

Um detalhe curioso da profecia de Jeremias foi a compra de um terreno de seu primo Hanameel, que era seu direito de resgate da propriedade familiar, mas, de fato, consistiu-se de um gesto tresloucado que só pôde ser compreendido quarenta anos depois. A falta de lógica de alguém que compra um terreno quando a cidade está sendo ocupada parecia atitude de um imbecil. Essa aquisição era, para Jeremias, um sinal de futura renovação. Dizia ele: "Ainda se comprarão casas, campos e vinhas nesta terra" (Jr 32,15). Ele apostava em um regime de reconstrução que sobreviria aos tempos de trevas no governo Nabucodonosor. Jeremias foi o porta-voz para a desolação e a alienação de seu povo, mas também foi o profeta da esperança. Não cria na invulnerabilidade de Jerusalém e era visto como profeta da derrota e da desgraça. Ele e seus aliados pertenciam à posição de irritantes periféricos ou mesmo de estranhos nas decisões centrais do poder, pois estiveram ao lado dos perdedores. Assim mesmo, e até por essa razão, fez piscar em meio aos conterrâneos a luz da esperança.

Vale destacar também a figura clarividente de dona Raimunda Gomes da Silva (1940-2018), quebradeira de cocos, ela fez vibrar com sua voz profética as colunas da Catedral da Sé, na metrópole paulistana, em maio de 1986, logo após o assassinato do padre Josimo Morais Tavares (1953-1986) na cidade de Imperatriz (MA). A audácia evangélica de dona Raimunda Quebradeira de Coco emocionou centenas de fiéis cristãos, e até mesmo o próprio cardeal arcebispo dom Paulo Evaristo Arns (1921-2016), presidente da cerimônia, ao ouvi-la proclamar a esperança diante da violência de jagunços atuantes no Bico do Papagaio (TO). Sua vida era testemunho fiel na defesa dos pequeninos expressa em sua aguda consciência como mulher camponesa. Ela recebeu o título de Doutora Honoris Causa pela Universidade Federal do Tocantins (UFT), o Diploma Bertha Lutz, do Senado Federal, e o Prêmio João Canuto. Faleceu em 8 de novembro de 2018, em decorrência de diabetes, bem fragilizada. Entretanto, sabemos que sua vida brilha como luz potente no sertão do Brasil. Em termos históricos, foi uma derrota-da. À luz da fé, sempre viveu como iluminada profetisa da justiça social, "uma filha da luz, pois o fruto da luz consiste em bondade, justiça e verdade" (Ef 5,8-9).

Podemos amplificar o número de "pirilampos da esperança" ao celebrar a vida e a memória de 11.229 santos, beatos e mártires guardados no livro das recordações litúrgicas da Igreja Católica intitulado *Martirológio romano*. São milhares de testemunhas fiéis de Cristo iluminando cada canto do planeta como espelho da luz divino, tal qual um satélite lunar a refletir o sol que é Cristo Jesus, nosso Salvador, fonte da esperança e da paz. Em termos históricos, integram uma lista de perdedores e amigos de perdedores históricos. À luz da fé, são amigos e amigas de Jesus e arautos da Esperança. Os santos tornam-se, para a humanidade, sinceros filhos de Deus, sem reprovação em meio a gerações corruptas, ao portar a Palavra da Vida, que é Cristo, pelo qual "brilham como astros no mundo" (Fl 2,15).

### Trevas ou vícios que obscurecem

Há certamente uma lista de vícios que precisamos metamorfosear. Em primeiro lugar, é necessário iluminar o ressentimento. Segundo a psicanalista Maria Rita Kehl (1951-): "O ressentimento não é um conceito da psicanálise. É um termo do senso comum, que designa uma constelação de afetos negativos – raiva, inveja, ruminações vingativas, amargura. Acima de tudo, o ressentimento é uma queixa insistente, repetitiva, que não aceita nenhuma forma de desagravo. O que caracteriza o ressentimento é a persistência da mágoa, a repetição da queixa"[1]. Ela exemplifica com o caso clínico de um sujeito que, como todos os ressentidos, tem a pretensão de que é possível "ganhar o jogo sem jogá-lo". Assim compreendemos que: "[...] Ressentir-se significa atribuir a outro a responsabilidade pelo que nos faz sofrer. O homem do ressentimento, incapaz de se responsabilizar por seus próprios atos, atribui a culpa de seu infortúnio ao outro. O ressentido é fiel a si mesmo, fiel ao seu sofrimento, a sua dor. No ressentimento há a formação de um conformismo entre o individualismo e as exigências do narcisismo. O ressentido precisa do outro para atribuir a ele seus fracassos. Vai interpretar fracasso como prejuízo – 'alguém me fez'"[2].

Outro produtor de trevas é a hipocrisia (do grego *upokritès*, "aquele que representa um personagem como ator"), em que alguém oculto por uma máscara dissimula, mente, manipula outras pessoas e às vezes até a si mesmo. Alguém que busca conquistar a estima e a amizade de outrem por meio de gestos religiosos e diplomáticos que são mera aparência e simulacro. Um hipócrita parece agir em nome de Deus e por um povo, abusando do discurso religioso, mas é um narcisista fechado em si e para si. Perto dele, nenhuma luz pode ficar acesa e reluzir. Ele pretende suprimir toda luminosidade para reinar absoluto em um mundo de trevas por ele mesmo criado.

De fato, o hipócrita perverte as boas ações religiosas em sua raiz. Jesus é frontalmente contra a hipocrisia de seus conterrâneos (cf. Mt 23,1-36). Regra geral resulta no endurecimento de corações, pois os hipócritas vivem uma cisão entre o dito e o amado, entre o fazer ritual e a convicção interior. A aparência termina por sufocar o coração. Em decorrência fatal, tomba-se na crueldade e na insensibilidade. A diminuição progressiva de ouvir, entender e amar os outros os torna cegos aos apelos e sinais de Deus no mundo. No limite, o hipócrita de coração endurecido mergulha na crueldade e termina por querer fazer os outros sofrerem. Acabam destruindo-se a eles mesmos mais que às pessoas sobre as quais exercem sua crueldade. Tornam-se pessoas opacas e malévolas, com o discurso monótono de donas da verdade e da moral.

Em terceiro lugar, precisamos enfrentar o sentimento da obscuridade pessoal, nascido na seiva do ódio. Simultaneamente oposto ao amor o ódio, entretanto, vive próximo dele. Amor e ódio caminham juntos, pois são paixões humanas profundas e reais. Abominar (odiar) o mal é fundamental para quem ama (cf. Sl 139[138],22). No entanto, não podemos odiar as pessoas, pois é preciso atacar o mal e compreender o maldoso. Essa é uma tarefa dificílima. Em geral, confundimos e odiamos tanto a um quanto ao outro. O discípulo amado assim escreveu em sua carta: "Quem diz estar na luz, mas odeia seu irmão, está nas trevas até agora. Quem ama seu irmão permanece na luz, e nele não há motivo de tropeço. Aquele, no entanto, que odeia seu irmão está nas trevas, caminha nas trevas e não sabe para onde vai, porque as trevas cegaram seus olhos" (1Jo 2,9-11).

### Qualidades luminosas

A teologia do apóstolo Paulo informava que os cristãos eram movidos pelo Espírito Santo, que germinava no coração de cada pessoa a semente da caridade ofertada por Deus como graça. Os frutos do Espírito nascem e conduzem ao Amor. Essa experiência em Deus abre-se em inúmeros frutos colhidos no viver cotidiano. São Paulo enumera alguns deles: "O fruto do Espírito é: amor, alegria, paz, paciência, benignidade, bondade, fidelidade, amabilidade, autodomínio; contra tais coisas não existe lei" (Gl 5,22-23). Quem acolhe tais frutos e os vive assume as virtudes sociais e será conduzido na prática da equidade.

Em nossos dias, podemos destacar a paciência como sinônimo da esperança e da fidelidade de quem suporta duras provas e calúnias mantendo seu compromisso com as grandes causas da humanidade. Ela é uma teimosia santa. Uma renúncia firme e trabalhada em favor da serenidade tal qual virtude essencial. Dizia o filósofo e historiador Norberto Bobbio (1909-2004): "O sereno não é nem submisso nem concessivo. O sereno não guarda rancor, não é vingativo, não sente aversão por ninguém. Não continua a remoer as ofensas recebidas, a alimentar o ódio, a reabrir as feridas. Para ficar em paz consigo mesmo, deve estar antes de tudo em paz com os outros. Jamais é ele quem abre fogo; e se os outros o abrem, não se deixa por ele queimar, mesmo quando não consegue apagá-lo. Atravessa o fogo sem se queimar, a tempestade dos sentimentos sem se alterar, mantendo os próprios critérios, a própria compostura, a própria disponibilidade"[3]. A paciência e a serenidade moldam o caráter de uma pessoa pura, que não é só a ausência de faltas ou a castidade, mas, sobretudo, é a retidão e o elã que põem nosso viver nas mãos de Deus.

Não posso deixar de destacar a hospitalidade como dever sagrado de um cristão. Os dois testamentos exigem explicitamente que o estrangeiro e o refugiado de todos os povos e épocas sejam acolhidos como irmão e irmã.

Enfim, a luz eminente é a esperança. Para encontrá-la, é preciso ir além do desespero e do fatalismo. Quando ultrapassamos o mais obscuro momento noturno, já vislumbramos os raios do alvorecer. Não há noite eterna. A aurora sempre ressurge vitoriosa. O caminho da esperança é o trajeto de quem espera em Deus. Na fadiga, Ele oferece seu regaço acolhedor. Na fome, o pão de seu amor. Na sede, a fonte de água pura de sua fidelidade. Se machucados e doloridos, a esperança é unguento restaurador para novos passos e novos mapas. Quem crê e vive na esperança assume riscos e enfrenta impossibilidades. Espera contra toda esperança. Diante das hostilidades e dos opressores da economia e da política, os cristãos sabem que podem sofrer por causa da justiça e isso é uma bem-aventurança e não uma desgraça. Devem estar "prontos a responder a todos que pedirem uma palavra sobre a esperança que há neles" (1Pd 3,15).

Termino este artigo com um verso da música de Pablo Milanés (1943-): "O que brilha com luz própria nada o pode apagar. Seu brilho pode alcançar a escuridão de outras costas"[4].

## Notas

[1] KEHL, M.R. *Ressentimento*. São Paulo: Casa do Psicólogo, 2004, Prefácio.

[2] Disponível em https://www.maxwell.vrac.puc-rio.br/9863/9863_3.PDF – Acesso em nov./2018.

[3] BOBBIO, N. *Elogio da serenidade e outros escritos morais*. Trad. de Marco Aurélio Nogueira. 2. ed. São Paulo: Unesp, 2000, p. 41.

[4] *Canción por la unidad latinoamericana* [Disponível em https://www.bomespanhol.com.br/musica/pablo-milanes/cancion-por-la-unidad-latinoamericana – Acesso em nov./2018.

# 6

# A quinta dimensão da fé

Existiria a quinta dimensão no universo? A física diz que seria possível, ainda que não tenha provas, mas apenas convicções. Assim temos a primeira dimensão que é a altura, a segunda é a amplitude, a terceira é a profundidade e a quarta, o tempo. Ninguém parece saber o que seria de fato essa eventual quinta! Onde fica? Acima, abaixo, atrás, dentro ou fora de nosso espaço-tempo? Seria imaginação ou há um multiverso entrelaçado com o nosso?

Essa hipótese nos foi apresentada por Bernhardt Riemann (1826-1866) quando, em 1854, descreveu outras possibilidades para além da geometria tridimensional, particularmente por sua esfera de Riemann. O matemático Charles Howard Hinton (1853-1907) projetou um hipercubo chamado tesseracto. Os artistas modernos, pela poesia, pela literatura e mesmo na pintura, inspiraram-nos a ultrapassar as quatro atuais dimensões do existir no cosmos. Assim, nos deslumbramos diante das obras de Oscar Wilde (1854-1900), Marcel Proust (1871-1922), H.G. Wells (1866-1946), Jules Verne (1828-1905), Pablo Picasso (1881-1973) e Salvador Dalí (1904-1989).

É importante recordar de forma especial de Eugene Wesley Rodenberry (1921-1991), roteirista criador da série de ficção científica *Star Trek*. No filme e em suas sequências, vemos a nave Enterprise atingir a dobra espacial (*warp drive*) por meio de propulsão várias vezes mais rápida do que a velocidade da luz. Humanos entrando em um hiperespaço real ou só virtual? Estaríamos diante de um portal para dimensões distintas do espaço-tempo? Nossa imaginação gostaria de crer que sim.

Os físicos estão à procura dos grávitons de uma quinta dimensão. Os astrofísicos propõem membranas ou cordas do universo paralelo pluridimensional, bem próximo de cada um de nós, nas dobras de nosso espaço-tempo. Até aqui ouvimos a ciência e suas hipóteses. Se pudéssemos assumir esse enigma da ciência e aplicá-lo como metáfora para nossa fé cristã, será que também poderíamos encontrar cinco dimensões? Quais seriam as cinco dimensões da fé cristã?

### A primeira dimensão da fé: a experiência pascal

A dimensão da experiência é fundante e radical. Sem ela, tudo o mais se desfaz como fumaça e miragem. Ela confere a perspectiva da altura da fé. É o espaço da vivência e da emoção. É a amplitude que nos mantém fiéis ao Deus vivo e verdadeiro. A chave da fé cristã está enraizada na experiência pascal. Essa experiência inicial dos cristãos, participantes oculares da morte e ressurreição de Jesus de Nazaré, naquele momento concreto da festa judaica da Páscoa do ano 30, é dimensão primordial. Pensando e experimentando aquilo que as primeiras testemunhas viveram e professaram, vemos nascer a palavra evangélica sobre Deus e o sentir-se parte do corpo místico de Cristo. Ao repartir a experiência pascal, penetramos e nos alimentamos da primeira dimensão. Ela foi denominada em grego *kerigma*, que é um grito ou proclamação pessoal do encontro com o Cristo Ressuscitado, como foi expresso no livro dos Atos dos Apóstolos na profissão corajosa do apóstolo Pedro: "Vocês mataram o autor da vida, mas Deus o ressuscitou dos mortos. E nós somos testemunhas disso" (At 3,15). Essa experiência, vivida por judeus errantes, pescadores pobres da Galileia e Judeia, será transmitida em grego para as gerações futuras.

A bela experiência do sentir, viver e tocar no Ressuscitado exigia novas palavras para novas culturas. Foi preciso criar outro vocabulário para exprimir o mistério vivido que parecia aos olhares externos loucura e patologia. Pouco a pouco, a Igreja foi encontrando palavras para dizer o que fora vivido, sem querer jamais submeter a força da experiência pessoal dos apóstolos a conceitos. Eles não desejavam transmitir ideias ou lógicas filosóficas. Queriam falar do amor por alguém que deu a vida por eles. Queriam escrever sobre salvação na história pessoal. Escreviam cartas de amor para seus filhos e aos discípulos do Mestre. Só quem ama pode entender as cartas de amor. Essa dimensão experimental é reservada a quem crê com o mesmo vigor e a mesma emoção.

O Ressuscitado não é mais uma doce memória do passado, ou uma lembrança que vai se apagando na mente. Jesus mostra-se vivo e vencedor da morte. Ele vive. Ao crer que toda vivência humana é relacional, a fé pascal atesta isso de forma feliz. O ser humano, ao sentir sua limitação e finitude, almeja a totalidade, tem sede de superação. Quer ser salvo e dar sentido a seu viver. Precisa ser salvo de tantos males e misérias.

Jesus irrompe na história como o Vivente que realizou a promessa e abriu as portas da eternidade. O presente da morte dramática na cruz recebe de Deus essa reviravolta tão desejada: Cristo está vivo no meio de nós. E quer cada um de nós como um ser amado único. Essa é a originalidade radical da fé cristã: "longe de significar ou de implicar a dissolução ou aniquilamento da individualidade de cada um dos seres viventes, é, ao contrário, constitutiva dessa individualidade. Esse é um dos grandes paradoxos do cristianismo: Manter cada um – o mais humilde, o mais insignificante – na individualidade irredutivelmente singular que é a sua. Eis o que, longe de dever ou de poder ser superado ou abolido em algum lugar, pode tirar o homem do nada"[1].

## A segunda dimensão da fé: o seguimento de Jesus

A segunda dimensão remete à amplitude da fé. Ou seja, coloca-nos em contato com a horizontalidade do seguimento de Jesus. Não somos apenas o povo do livro. Somos um rebanho que Deus conduz (cf. Sl 95[94],7). Não somos apenas celebrantes da memória perigosa da cruz cumprindo ritos semanais repetitivos. Deus está atrás de nós na travessia dos desertos (cf. Jr 2,2). Não somos apenas portadores de algumas cartas ou textos do passado. Jesus diz de forma imperativa: "Venham, sigam-me" (cf. Mc 1,17-20). Não somos aplicadores de normas, leis ou moralidades autoritárias. Somos seguidores de uma pessoa (Jesus), que revelou à humanidade os segredos de amor do Pai Criador, com quem vivia uma relação íntima. Há exigências claras (cf. Mt 16,24).

Somos seguidores da Palavra que é viva e libertadora. Somos caminheiros nas estradas de Jesus, parceiros e companheiros de santos, mártires, comunidades, de Bartimeu (cf. Mc 10,52), da Santa Virgem Mãe de Deus e das mulheres audaciosas ao pé da cruz (cf. Mc 15,40), tendo como mapa de nossa viagem a mensagem de Jesus rumo ao Reino definitivo. Os seguidores de Jesus sentem-se alimentados pela Eucaristia e animados pelo Espírito Santo. Seguindo Jesus descobrem Deus como defensor dos pobres e Senhor da Vida. Essa segunda dimensão nos faz caminheiros e missionários. Na missão fazemo-nos cristãos. No seguimento tornamo-nos discípulos adquirindo um estilo e uma ética condizente com o Mestre e Amigo Jesus. Na estrada, somos convocados a assumir o papel do samaritano do Evangelho. Os ministérios que vamos criando nas comunidades eclesiais servem claramente ao Caminho de Jesus para a maior Glória de Deus.

No caminho, não há privilégios, mas apenas cajados, sandálias e alguns cantis partilhados da água viva. Jesus encontra-nos no caminho de Emaús e faz nosso coração arder e aquecer-se. Se alguém se desviar do caminho (até por trinta anos), como foi Santo

Agostinho de Hipona (354-430), será atingido pela flecha de fogo do amor divino para receber a graça de Deus: "Tarde te amei, beleza tão antiga e tão nova, tarde te amei! E eis que estavas dentro de mim e eu fora, e aí te procurava, e eu, sem beleza, precipitava-me nessas coisas belas que tu fizeste. Tu estavas comigo e eu não estava contigo. Retinham-me longe de ti aquelas coisas que não seriam, se em ti não fossem. Chamaste, e clamaste, e rompeste a minha surdez; brilhaste, cintilaste, e afastaste a minha cegueira; exalaste o teu perfume, e eu respirei e suspiro por ti; saboreei-te, e tenho fome e sede; tocaste-me, e inflamei-me no desejo da tua paz"[2].

## A terceira dimensão da fé: a expressão religiosa

Essa dimensão confere profundidade às duas anteriores. Altura e amplitude agora podem estabelecer-se em um lugar histórico ao celebrar os ritos, o culto, o perdão e a vida litúrgica de quem vive a fé. Essa dimensão ritual não esgota ou hipertrofia as demais, mas expressa o essencial: a ação de graças ao Deus Trindade. A dimensão eclesial religiosa exprime com sinais vivos a fé daquele que crê na relação fecunda entre o ser humano e seu Criador.

Sem a dimensão da fé como religião, estaríamos desprovidos de tantos sinais importantes em nosso viver. Somos seres simbólicos e precisamos nos exprimir com o uso do religioso sem alienação sem fugas. Uma fé que perdesse sinais exteriores, que abdicasse do culto, das festas, da presença social e comunitária, sem quaisquer referências com a memória ou a história cristã, que apagasse a arte e calasse a liturgia, que ficasse sem catequese ou expressões culturais concretas, perder-se-ia e esvaziaria sua imensa riqueza pública e cultual.

A fé cristã exige uma pregação livre e significativa. Precisa se exprimir pela arte e pela literatura de forma diversa e sintonizada com seu tempo. A fé quer celebrar em espaços belos e sagrados. Sem esses, a fé poderia morrer ou ser asfixiada. A fé cristã precisa da profundidade de seus santos e de seus artistas. Sem a beleza, o humano perde a vida. Sem a arte, tudo se torna desespero. Sem uma religião encarnada, o povo morre à mingua. Sem a dimensão comunitária e política, reduzimos a fé ao inexpressivo.

Assim proclamava o Santo da América Latina, dom Óscar Romero, em sua homilia proferida em 19 de agosto de 1979, na Catedral de San Salvador: "Essa é a obrigação do Evangelho de Cristo que disse: tem que ser pão para a vida do mundo. Se em El Salvador o pão da vida que a Igreja reparte, a palavra do Senhor, a religião cristã, não toca as realidades políticas, sociais, econômicas de nosso povo, será um pão guardado, e o pão que se guarda não alimenta. Só é pão aquele que se come, que se assimila. Por isso é que necessitamos que esse pão se assimile às realidades de nosso país"[3].

## A quarta dimensão da fé: viver o tempo de Deus

Os antigos gregos diziam que há duas palavras para falar do tempo. O cronológico e o kairológico. Crónos é o tempo do relógio. Kairós é o tempo único que muda a vida e marca a memória. Saber distinguir e unir esses dois modos de ver o tempo em nossas vidas é um segredo cristão essencial. É também nossa crise fundamental. Exigirá escolher um dos lados da equação. Buscar o eterno e viver profundamente o presente.

Assim dizia o cardeal francês Henri de Lubac (1896-1991): "Viver no eterno e contemplar as coisas, desde o ponto de vista da eternidade é meter-se no coração da realidade mais real, como Deus está no coração de tudo, e modelar na medida do possível nossos julgamentos à imagem e semelhança dos julgamentos do próprio Deus. Antes de ser uma esperança para o futuro, a vida eterna é uma exigência para o presente"[4]. Diante da pressa e da superficialidade do mundo, será preciso buscar tempo para Deus. Quanto mais rápidos formos, mais esquecidos seremos. A lentidão deve ser nossa salvação. Precisamos de tempos especiais e não tanto da voracidade cronológica que nos mata e deprime.

Precisamos reaprender a arte da lentidão. Assim escreve o arcebispo Tolentino Mendonça (1965-): "Necessitamos de uma lentidão que nos proteja das precipitações mecânicos, dos gestos cegamente compulsivos, das palavras repetidas e banais. Necessitamos reaprender o aqui e o agora da presença, reaprender o inteiro, o intacto, o concentrado, o atento e o uno"[5].

Precisamos escolher o tempo de Deus para viver o Eterno no provisório. Entre o tempo do mundo e o de Deus, há crise, conflito e luta. Deus quer a nossa definição e escolha por sua dimensão temporal. Assim se exprimia padre Comblin (1923-2011): "Deus quer colocar o mundo na obrigação ou de aceitar sua misericórdia, ou de rejeitá-la; quer provocar uma crise, uma separação definitiva. Os homens decidem se querem salvar-se com Deus ou perder-se sem Deus. O instrumento da crise é Jesus: Jesus obriga os homens a definir-se: diante dele não é possível fugir; todos têm de dar uma resposta: a crise é inevitável"[6].

### A quinta dimensão da fé: a visita divina

A mística ou imersão na santidade de Deus são certamente a quinta dimensão transcendente. Aqui reside a alegria de nossa esperança. Cremos que estaremos em Deus e viveremos em seu regaço de Mãe Paternal. Essa é a sabedoria de todos os amigos de Deus que entraram no portal da eternidade. Muitas vezes, faremos esse mergulho, lenta e diariamente, apresentando-nos inteiros no final da peregrinação histórica. Outras vezes seremos visitados por Deus em momentos cruciais da frágil vida vislumbrando o céu ainda estando na terra. Uns vão semeando santidade em passos grandiosos no martírio e por exemplos luminosos no caminho da ascese lenta e fiel. Outros se tornarão santos no pequeno e silencioso, sem mérito algum pela visão do transe místico e gracioso. Ambos vivem a santidade como a forma perfeita de fazer o que sempre fizeram segundo Deus.

Assim exemplifica o papa Francisco (1936-) em sua *Exortação Apostólica Gaudete et Exsultate: sobre a chamada à santidade no mundo atual*: "[...] Quando estava na prisão, o cardeal Francisco Xavier Nguyen van Thuan renunciou a desgastar-se com a ânsia da sua libertação. A sua decisão foi viver o 'momento presente, cumulando-o de amor'; eis o modo como a concretizava [*a santidade*]: 'aproveito as ocasiões que vão surgindo cada dia para realizar ações ordinárias de maneira extraordinária'" (GE, n. 17)[7].

Essa quinta via ou dimensão nos faz viver e sentir em Deus. Também chamada de visão beatífica ou feliz ela irrompe vigorosa depois da noite escura da alma, tal qual ensinam São João da Cruz (1542-1591), Santa Teresa de Ávila (1515-1582), Santa Hildegarda de Bingen (1098-1179), Marguerite Porete (1250-1310) ou Mestre Eckhart (1260-1328).

Se os filósofos falaram do motor imóvel que tudo comanda, se físicos falam de possíveis cordas pluridimensionais que brincam com o universo dando saltos entre a energia/massa visível e a massa escura invisível, a fé cristã crê que todas as dimensões conhecidas e as desconhecidas nascem e se destinam a Deus. Essa fé vigorosa faz penetrar o espaço-tempo no enigma da vida. A fé desvela a quinta dimensão em sua forma nítida de núpcias místicas com Deus.

O poema de Santa Teresa é revelador de como a santa de Ávila penetrou na quintessência celeste: "Vivo já fora de mim, desde que morro d'Amor, porque vivo no Senhor que me escolheu para Si. Quando o coração lhe dei, com terno amor lhe gravei: que morro porque não morro. Esta divina prisão do grande amor em que vivo, fez a Deus ser meu cativo, e livre o meu coração; e causa em mim tal paixão ser eu de Deus a prisão, que morro porque não morro"[8].

# Notas

[1] HENRY, M. *Encarnação*: uma filosofia da carne. São Paulo: É, 2014, p. 361.

[2] SANTO AGOSTINHO. *Confissões* – Livros X e XXVVI. Covilhã, 2008, p. 38 [Disponível em http://www.lusosofia.net/textos/agostinho_de_hipona_confessiones_livros_vii_x_xi.pdf].

[3] CARDENAL, R.; MARTÍN-BARÓ, I. & SOBRINO, J. *La voz de los sin voz*: la palabra viva de monseñor Romero. São Salvador: UCA, 1980, p. 314.

[4] DE LUBAC, H. *Paradojas seguido de nuevas paradojas*. Madri: PPC, 1997, p. 53, 61.

[5] MENDONÇA, J.T. *Libertar o tempo*: para uma arte espiritual do presente. São Paulo: Paulinas, 2017, p. 87.

[6] COMBLIN, J. *Evangelizar*. Petrópolis: Vozes, 1980, p. 76.

[7] Disponível em https://w2.vatican.va/content/francesco/pt/apost_exhortations/documents/papa-francesco_esortazione-ap_20180319_gaudete-et-exsultate.html – Acesso em set./2018.

[8] Disponível em http://teresadejesus.carmelitas.pt/noticias/noticias_view.php?cod_noticia=272 – Acesso em set./2018.

# 7

# Charles de Foucauld: homem-ponte em tempo de fronteiras e muros

Evangelizar as fronteiras ou periferias exige que deixemos claro que Evangelho é um verbo e ação dos seguidores de Jesus. Evangelho não é adjetivo ou substantivo. É prática efetiva ao lado dos últimos para anunciar a esperança do Reino de Deus ao mundo. É a boa notícia *in actu*. É verbo no tempo presente, aqui e agora. O cristianismo não é primordialmente algo religioso: ele é uma experiência de seguimento de Jesus Mestre, mergulhando na história e vivendo do Espírito do Ressuscitado. Um exemplo vivo do sair de si encontramos no padre francês Charles Eugène de Foucauld de Pontbriand (nascido em 15 de setembro de 1858, em Estrasburgo, e assassinado em 1º de dezembro de 1916, no Saara argelino), oficial das Forças Armadas da França, explorador, geógrafo, consagrado místico, eremita e linguista. Foi beatificado em 13 de novembro de 2005, pelo papa emérito Bento XVI (1927-). Alguém que se esvaziou para ficar pleno de Deus. Assim se exprimia: "Esvaziemos o nosso coração de tudo o que não for o objetivo único... Que nada além de Deus seja o nosso tesouro. Que o nosso único tesouro seja Deus, o que o nosso coração seja todo de Deus em Deus, todo para Deus... Só para Ele. Fiquemos vazios de tudo... Para nos podermos encher completamente de Deus..."[1]

Uma peregrinação na Terra Santa revelou-lhe sua vocação: seguir e imitar Jesus na vida de Nazaré. Passou sete anos na cartuxa, primeiro em Nossa Senhora das Neves, depois em Akbés, na Síria. Em seguida, viveu sozinho, na oração, na adoração, em uma grande pobreza, com as Clarissas de Nazaré, na Palestina. Foi ordenado sacerdote aos 43 anos, em 1901, na Diocese de Viviers, na França. Transferiu-se para o deserto argelino do Saara, inicialmente em Beni Abbès, pobre entre os mais pobres; depois mais ao sul, praticamente isolado na Vila de Tamanrasset, entre os tuaregues de Hoggar. Viveu em oração, meditando continuamente as Sagradas Escrituras, sempre em adoração, no desejo incessante de ser, para cada pessoa o "irmão universal", imagem viva do Amor de Jesus. "Gostaria de ser bom para que se pudesse dizer: Se assim é o servo, como será o Mestre?" Quis "gritar o Evangelho com a sua vida". Na noite de 1º de dezembro de 1916, foi assassinado por um grupo de bandoleiros[2].

Hoje o papa Francisco (1936-) nos oferece uma intuição semelhante à de Charles e de dom Helder Pessoa Camara (1909-1999), ao retomar a pureza do Evangelho para sermos dóceis ao chamado do Ressuscitado que clama a partir dos porões da humanidade. O pontífice pede a tempo e contratempo que saiamos das sacristias para visitar e viver nas periferias. Assim prega o Bispo de Roma: "Se imitarmos o estilo de Jesus, faremos bem o nosso trabalho como pastores. Este é o crédito fundamental: o estilo de Jesus. Como foi o estilo de Jesus como pastor? Jesus estava sempre em caminho. Os evangelhos nos fazem ver Jesus sempre em caminho, no meio das pessoas, da multidão". E ele ainda confirma: "Jesus nunca ficou parado e como todos aqueles que caminham, Jesus era exposto à dispersão, a ser fragmentado. Não devemos ter medo do movimento e da dispersão de nosso tempo. Mas o medo maior ao qual devemos pensar, que devemos imaginar é o de uma vida estática", disse o papa aos religiosos. "De uma vida de sacerdote que tem tudo bem resolvido, em ordem, bem estruturado, tudo está no próprio lugar, com seus horários de abrir e fechar a secretaria. Tenho medo do sacerdote estático. Tenho medo, também quando é estático na oração, eu rezo de tal hora a tal hora. Uma vida estruturada dessa maneira não é uma vida cristã". O pontífice relembrou que Jesus sempre foi um homem que estava nas ruas, um homem que caminhava, um homem aberto às surpresas de Deus. "O sacerdote que tem tudo planificado, tudo estruturado, geralmente é fechado para as surpresas de Deus e perde aquela alegria da surpresa do encontro." "O pároco não pode ter um estilo de empresário. Deve estar com as pessoas, estar com o Pai. No encontro com o Pai e o encontro com os seus fiéis, se vive esta tensão: tudo deve ser vivido nesta chave do encontro", sublinhou[3].

Harvey Cox (1929-), em livro intitulado *O futuro da fé* (Paulus, 2015), mostra que estamos vivendo o final da época das religiões; em contrapartida, estaria emergindo a boa notícia a partir das experiências profundas da fé, com raízes mais profundas que as do religioso. Poderia existir a fé sem religião? Talvez sim, talvez não. Mas, certamente, esse é um dos desafios da pós-modernidade; e, sem ser assumido, poderemos perder os jovens que pensam em novo modo de viver a espiritualidade sem tanta burocracia e manutenção de esquemas rituais.

A meta é sempre a comunhão fraterna e um mergulhar na vida dos outros amando e fazendo-se amar. Como diz até cansar o padre Foucauld: "Meu apostolado deve ser o apostolado da bondade". O papa emérito Bento XVI, na cerimônia de beatificação do sacerdote, disse sobre ele: "Descobriu que Jesus, que veio entre nós na nossa humanidade, nos convida à fraternidade universal, que viveu mais tarde no deserto do Saara, e ao amor do qual Cristo nos deu o exemplo. Como sacerdote, colocou a Eucaristia e o Evangelho no centro da sua existência, as duas tábuas da Palavra e do Pão, fonte da vida cristã e da missão"[4].

**Fronteiras cronológicas**

O tempo precede o espaço. Essa intuição ultrapassa a física quântica. O que é a fronteira do tempo? É sempre o futuro, ou o que chamamos de "ainda não". Como pensar o futuro como fronteira? O amanhã apocalíptico é o que marca o hoje (o fim dos tempos). Utopia, que foi o sonho de frei Bartolomeu de las Casas (1474-1566), apóstolo das Américas e do reconhecimento do outro que era negado pela colonização esmagadora da cultura e do corpo dos indígenas e dos negros. O não lugar que se vive hoje como esperança do amanhã. Qual é o futuro do Brasil? Não está no Estado (comandado pelos fios invisíveis do capitalismo financeiro) que se tornou um assassino "legalizado" porque rouba o pão dos pobres, usa das forças policiais para massacrar lavradores e com o qual muitas vezes a Igreja oficial frequentemente andou de mãos dadas. Para esses grupos, o futuro está no passado. Entretanto, é preciso gritar nos telhados que o futuro como tempo da ação exigirá que nossos planos de hoje sejam marcados pela esperança, pelo caminhar, pela audácia. Projeto é em latim *pro-jectum*: algo que jogamos para frente, com caráter profético (aquele que projeta uma visão e que fala do que anteviu por revelação de Deus). Quando a religião vai mal, ela precisa de feiticeiros que vivem querendo cristalizar passados e fazer da fé um museu e dos crentes múmias paralisadas. Isso não é futuro. É regresso ao passado. Profecia é saber dizer não ao capitalismo que nos mantém prisioneiros da morte e de estruturas obsoletas.

Periferia pensada como horizonte da vida missionária, como futuro que nos convoca. Mundialização não é o mesmo que globalização (a mundialização é um processo civil participativo, enquanto a globalização é uma ação impositiva dos senhores do mundo financeiro ao construir o império idolátrico e excludente das maiorias).

## Fronteiras geopolíticas

Fronteira é sempre um portal de distinção e questionamento. É uma guarita de passagem. É uma alfândega com guardas ou controle de vistos e passaportes. Fronteira é também borda ou superfície. É ir em direção ao horizonte. Recordemos que o padre Foucauld fez em dez meses o percurso de cinco mil quilômetros ao coração da África Saariana. Em qualquer pessoa humana, a periferia é a própria pele. Esse, que é o maior órgão do corpo humano, é nossa fronteira corporal. Periferia está no *feeling*: "sentir na pele" (compaixão, empatia). Vem e passa pelo tato. Por isso, o povo precisa "tocar para saber" como São Tomé. Periferia é aquilo que nos sensibiliza. O que mexe conosco pela pele chega às entranhas. Se as dores dos mais pobres nos é indiferente é sintoma de alguma "cegueira moral" (cf. Zigmunt Bauman [1925-2017]). Perde-se a humanidade, entra-se na "banalidade do mal" (cf. Hannah Arendt [1906-1975]). Esta é a rude situação da *normopatia*: perder a capacidade de sentir o que o outro sente. Uma doença persistente no Ocidente pós-moderno.

A periferia em primeiro lugar está em mim: como me relaciono com os outros? Especialmente com os últimos, os "de baixo", os invisíveis, os descartáveis. "Quem é meu próximo" é uma pergunta alienada e equivocada; nem é um questionamento cristão, pois você se posiciona no centro e faz todos girarem em torno de seu ego. A pergunta certa é "de quem devo me aproximar?" Quem é o centro para que eu me aproxime dele? É só no outro que existe nossa humanidade (Martin Buber [1878-1965]). Ir ao último como princípio pessoal e mapa de ação. Começar dos últimos para achegarmos aos próximos. Assim propôs o beato papa Paulo VI (1897-1978) na *Carta Encíclica Ecclesiam Suam*[5]. Quem são nossos últimos? Em um primeiro momento, era a África. Hoje, é certamente também a África que vive no Brasil (p. ex., em seu perfil negro até hoje renegado até mesmo pelo clero católico ou pentecostal). Isso exige um esquecer-se de si. Os artesãos da unidade humana precisam estar vazios do orgulho e do narcisismo que hoje contaminam a vida religiosa e o clero de forma voraz e doentia. Dizia Foucauld como tesouro que devemos compartilhar com todos: "A fraqueza dos meios humanos é causa de fortaleza. Jesus é o Mestre do impossível"[6].

### Um modo de viver sem fronteiras

Uma nova cosmovisão do todo pela parte. O periférico depende de nossa perspectiva de mundo. O que é periférico para nós é diferente daquilo que seria para um latifundiário ou banqueiro. "Diga-me com quem andas e eu te direi que és e como vês o mundo e os outros". Nós não pensamos com a cabeça, mas sim com os pés. A realidade precede a ideia. Isso é estar em sintonia com a perspectiva semita, rompendo com a visão grega, que é dualista e dicotômica. Periferia não é um conceito ontológico, é um "rosto". Manifestação do divino em Jesus, o Filho. O rosto da periferia hoje pode chamar-se refugiado ou imigrante. Por isso, o papa Francisco escolheu esse *Dicastério* como especialmente vinculado a ele. Um bilhão de pessoas: 250 milhões fora de seus países e 750 milhões em seus países. Pessoas de rua: dez anos atrás, eram 5 mil em São Paulo, hoje são 20 mil (!). Só pode compreender a periferia se colocar um rosto em frente de você. Como os "Cinco rostos que nos doem" (*Documento de Aparecida*, cap. 8)[7]. A periferia quer ficar rica tal qual o mundo fantasioso dos ricos. Vai para greve por causa do desemprego e não pela reforma previdenciária que nem sequer compreendeu. Se houver muita greve, o diarista perde sua diária e o pão da sobrevivência. A periferia está cada vez mais neopentecostal. A Igreja Católica abandonou a igreja dos pobres e a vida dos empobrecidos. Fez a opção preferencial pelos ricos e pela classe média. A parábola da ovelha desgarrada foi invertida: atualmente saíram 99 ovelhas do redil e só ficou uma, que está com a perna quebrada (por isso, ainda não fugiu para uma igreja pentecostal!). A Igreja apostou na classe média e nos sacramentos, abandonando as Comunidades Eclesiais de Base (CEBs) e os grupos bíblicos. Fez aliança com movimentos europeus e negou a teologia latino-americana e seus compromissos com as periferias. Deixou órfãos aos últimos. Essa periferia está exigindo alteração das prioridades. A massa está fora. Nossas ferramentas estão fadadas à manutenção da ordem estabelecida, em caráter inercial.

Bernrad Lindberg ajuda-nos a pensar isso no livro *Adeus à morte sacrificial*. Temos de propor outro tipo de cristianismo. Romper com Santo Anselmo e sua teologia do *"Felix Culpa"*. O cristianismo é graça, que precede até a ação. Precisamos que a religião volte a ser graça. O rito (praticar com frequência gestos certos para mostrar à divindade que você é um devoto) pode ser útil, mas não quebra o eterno retorno da dor e da morte. A novidade é quebrar o mecanismo do sacrifício. A religião quer sacrifícios tal como o capitalismo que precisa dos sacrifícios dos pobres. Será necessário travar uma luta anti-idolátrica onde pessoas altamente treinadas irão confrontar o ídolo e sua ideologia domesticadora. Isso exige disciplina e forte convicção profética. Fiquem de pé (*Anastásis*, ou seja, ressuscitemos)! Nossa força é a espiritualidade do seguimento. O Espírito está no mais profundo de nós e clama. Nenhuma revolução se fará por cima, pois deve iniciar-se dentro de nós, de nossas raízes. Optar pelos pobres é ficar com eles, assumir dores e alegrias. É fazer o Evangelho do caminho. Acompanhar e estar aí com e por eles. Afirmou Foucauld: "A opção pelos mais pobres será a tarefa da minha vida. Envidarei todos os esforços, sobretudo pela conversão daqueles que são espiritualmente mais pobres, isolados, cegos, as almas mais abandonadas, as mais doentes, as ovelhas mais desesperadas"[8].

O cristianismo é paradoxal e, se não o for, não é cristianismo. O foco é a ressurreição conectada à encarnação do Verbo. São as verdades essenciais e pilares do Credo. Não pode subir aquele que não desceu. Esse é o processo doloroso. Afirmar que Deus se fez homem é certamente a afirmação mais desvairada. Como podemos afirmar logicamente que a plenitude se tornou finita; que o máximo se tornou mínimo. Só assumindo o modo de Deus agir conosco. Aproximando-nos dos últimos e dos pequeninos. Indo e vivendo as periferias como novo modo de ver e sentir a presença do divino.

Hoje a periferia é anarquista. A mudança vem por novos modos de vida, na resistência e na partilha. Escreveu Foucauld em 25 de novembro de 1897, ao senhor De Blic: "Alegro-me infinitamente por ser pobre, vestir-me como operário, ser serviçal, pertencer a essa condição humilde que foi a de Nosso Senhor Jesus Cristo, e por uma graça excepcional poder viver tudo isso em Nazaré"[9].

## Ação nas fronteiras do mundo e da Igreja

Quem ouve Jesus vive o desapego. Quer ir, sair, buscar, evita sedentarizar-se. Não pode acomodar-se às quatro paredes da burocracia do Estado ou à entropia das igrejas cristalizadas. Quer ir às fronteiras temporais, geográficas e, sobretudo quebrar as fronteiras de um coração empedernido. Quer atingir o interior do humano pela linguagem refinada. Entre as palavras ditas e os silêncios de qualquer idioma ou dialeto humano, revela-se Jesus como a Palavra viva do Pai. Charles de Foucauld encontra Deus entre os tuaregues conhecendo idioma, religião, costumes, vestes, segredos e dores. Abandonou-se em Deus sendo morador de Tamanrasset. Hoje é preciso assumir as periferias e os pobres como lugares de Deus. Escreveu Foucauld, o irmão universal: "Quanto tudo nos falte na terra, mais encontraremos o que ela oferece de melhor: a cruz!"[10]

Assumir a fronteira de um rosto concreto para comprometer-se com ele. Cada rosto humano revela esse Deus que se fez carne humana.

Viver a prece do Abandono como quem voa nas asas do Espírito de Jesus, o Ressuscitado. O que realmente importa é o itinerário interior que fazemos de Deus para Deus. Foucauld é alguém de vida exemplar. Sejamos nós assim também, ao nosso modo! Simples, nas fronteiras e místicos. Sendo inteiramente só de Deus. "Meu Pai, a vós me abandono: fazei de mim o que quiserdes. O que de mim fizerdes, eu vos agradeço [...]"[11].

## Notas

[1] Disponível em http://www.iesuscaritas.org/pt/documentos/portugues-experiencia-de-deus-na-vida-de-charles-de-foucauld-inacio-jose-do-vale/ – Acesso em jul./2017.

[2] 051113_de-foucauld_po.html – Acesso em jul./2017.

[3] Disponível em http://www.news.va/pt/news/papa-aos-religiosos-a-vida-crista-e-movimento – Aceso em jul./2017.

[4] Disponível em http://w2.vatican.va/content/benedict-xvi/pt/speeches/2005/november/documents/hf_ben_xvi_spe_20051113_beatifications.html – Acesso em jul./2017.

[5] *Carta Encíclica Ecclesiam Suam* – Sobre os caminhos da Igreja. Roma, 1964 [Disponível em http://w2.vatican.va/content/paul-vi/pt/encyclicals/documents/hf_p-vi_enc_06081964_ecclesiam.html – Acesso em jul./2017].

[6] CARROUGES, M. *Charles de Foucauld*: explorateur mystique. Paris: Du Cerf, 1954, p. 11.

[7] CELAM / V Conferência Geral do Episcopado Latino-Americano e do Caribe. *Documento final*. Aparecida, 13-31/05/2007 [Disponível em http://www.paulinas.org.br/pub/familia_crista/cantinho_da_crianca/julho2011/documento_de_aparecida.pdf – Acesso em jul./2017].

[8] Disponível em: http://www.oarcanjo.net/site/index.php/testemunhos/charles-de-foucauld-bem-aventurado/ – Acesso em jul./2017].

[9] SCANDIUZZI, P.P. *A mensagem de Charles de Foucauld para a vida do leigo*. São Paulo: Loyola, 2015, p. 34.

[10] GORRÉE, G. *Charles de Foucauld intime*. Paris: Du Vieux Colombier, 1952, p. 153.

[11] Disponível em https://fraternidadecharlesdefoucauld.wordpress.com/2015/09/05/226/ – Acesso em jun./2017.

# CULTURAL

Administração
Antropologia
Biografias
Comunicação
Dinâmicas e Jogos
Ecologia e Meio Ambiente
Educação e Pedagogia
Filosofia
História
Letras e Literatura
Obras de referência
Política
Psicologia
Saúde e Nutrição
Serviço Social e Trabalho
Sociologia

# CATEQUÉTICO PASTORAL

**Catequese**
  Geral
  Crisma
  Primeira Eucaristia

  **Pastoral**
    Geral
    Sacramental
    Familiar
    Social
    Ensino Religioso Escolar

# TEOLÓGICO ESPIRITUAL

Biografias
Devocionários
Espiritualidade e Mística
Espiritualidade Mariana
Franciscanismo
Autoconhecimento
Liturgia
Obras de referência
Sagrada Escritura e Livros Apócrifos

**Teologia**
  Bíblica
  Histórica
  Prática
  Sistemática

# REVISTAS

Concilium
Estudos Bíblicos
Grande Sinal
REB (Revista Eclesiástica Brasileira)

# VOZES NOBILIS

Uma linha editorial especial, com importantes autores, alto valor agregado e qualidade superior.

# VOZES DE BOLSO

Obras clássicas de Ciências Humanas em formato de bolso.

# PRODUTOS SAZONAIS

Folhinha do Sagrado Coração de Jesus
Calendário de mesa do Sagrado Coração de Jesus
Agenda do Sagrado Coração de Jesus
Almanaque Santo Antônio
Agendinha
Diário Vozes
Meditações para o dia a dia
Encontro diário com Deus
Guia Litúrgico

CADASTRE-SE
www.vozes.com.br

**EDITORA VOZES LTDA.**
Rua Frei Luís, 100 – Centro – Cep 25689-900 – Petrópolis, RJ
Tel.: (24) 2233-9000 – Fax: (24) 2231-4676 – E-mail: vendas@vozes.com.br

UNIDADES NO BRASIL: Belo Horizonte, MG – Brasília, DF – Campinas, SP – Cuiabá, MT
Curitiba, PR – Fortaleza, CE – Goiânia, GO – Juiz de Fora, MG
Manaus, AM – Petrópolis, RJ – Porto Alegre, RS – Recife, PE – Rio de Janeiro, RJ
Salvador, BA – São Paulo, SP